문제적 결혼, 애착으로 풀다

나의 결혼을 후회하지 않기로 했어

김미선 지음

프롤로그

사람이 온다는 건 실은 어마어마한 일이다.

그는 그의 과거와 현재와 그리고 그의 미래와 함께 오기 때문이다.

한 사람의 일생이 오기 때문이다.

부서지기 쉬운 그래서 부서지기도 했을 그 마음이 오는 것이다.

- 정현종의 시, 〈방문객〉 중에서

인생에서 가장 중요한 방문객

누군가를 사랑해 내 사람으로 받아들인다는 것은 정말 어마어마한 일이다. 놀라운 결단이다. 그 사람의 과거와 현재를 보듬고 미래를 함께 열어가겠다는 각오이기 때문이다. 각오에는 반드시 용기와 인내가 필요하다. 한 사람의 일생을 품으려는 용기와 인내를 발휘할 때, 비로소 사랑은 가치 있는 선택이 된다.

그러나 요즘 사람들은 너무 쉽게 만나고 너무 쉽게 헤어진다. 사랑했고, 더 사랑하기 위해 결혼을 선택했음에도 결국 파국에 이르고 만다. 물론 이혼을 결정하기 전, 용기를 내어 상담실을 찾는 부부들이 있긴 하지만 안타깝게도 대부분의 부부는 이러한 과정을 외면한다. 무엇이 문제였는지 자신들의 모습을 돌아볼 기회조차 갖지 못한 채 그냥 갈라서고 만다.

나는 미국 유학 시절, 캘리포니아에 있는 '수정교회(Crystal Cathedral)' 상담실에서 임상 경험을 했다. 교회와 주변 환경이 매우 아름다워 많은 연인이 결혼식 장소로 선호하는 곳이었다. 하지만 이곳을 사용하려면 조건이 있었는데, 교회 측에서 제공하는 혼전 상담(premarital counseling)을 반드시 받아야 한다는 것이다. '헤어지는 것이 이혼보다 낫다(Breaking up is better than getting a divorce)'라는 슬로건하에, 결혼 전에 서로를 객관적으로 알아감으로써 평생의 반려자가 될 수 있는지를 검증하는 과정을 권유했다.

그렇다. 결혼은 레테의 강을 건너는 것이 아니다. 결혼 이전의 모든 경험과 습관, 삶의 태도는 결혼생활에서도 여전히 반복된다. 그러므로 행복한 결혼생활을 하기 위해선 가장 기본적인 조건이 있다. 나 자신이 어떤 사람인지 알고, 지금 사랑하고 있는 사람이 어떤 유형인지를 아는 것이다. 부서지기도 했을 그 사람의 과거를 알아야 부서지기 쉬운 현재를 보듬고 행복한 미래를 설계할 수 있기 때문이다.

그, 그녀가 결혼하면 변하는 이유

사랑해서 행복하기 위해 결혼했지만 결국 상처만 주고 돌아서는 이유가 무엇일까?

연애 시절 그렇게 다정했던 그 사람이 왜 결혼하고 나면 변하는 것일까?

낭만적 연애와 살벌한 결혼, 그 차이는 어디에서 비롯되는가?

그 해답과 해결 방법을 애착 이론으로 풀어보았다.

나는 이 책의 테마인 애착에 오랫동안 집중했다. Biola에서 상담학을 공부하면서 애착 이론을 접한 이후 꾸준히 애착을 연구해 왔다. 애착에 관한 다수의 논문을 발표했고, 어린 시절 부모와의 애착 정도를 알아보는 '초기 부모애착척도'를 개발했다. 또한 신과의 친밀감을 파악하기 위해 미국에서 발표된 '하나님애착척도'를 한국 실정에 맞게 타당화 작업을 하여 '한국판 하나님애착척도'를 개발했다.

Fuller 대학원에서 부부가족 치료학을 공부하면서 부부 문제를 상담할 때 애착 이론으로 조명해 풀어갔다. 효과는 기대 이상이었다. 자신과 배우자의 애착유형과 그 저변에 깔려 있는 어린 시절의 상처를 들여다보는 것만으로도 부부 관계가 개선되고 편해졌다. 불안정한 애착을 초래한 상처와 결핍을 보듬어 애착을 안정화시키면 부부 갈등뿐 아니라 다른 문제들조차 저절로 해결되었다. 이는 모든 관계 회복이 애착과 긴밀하게 연결되어 있기 때문이다.

소설 형식으로 풀어낸 4가지 애착유형

대학에서 학생들을 가르치며 가장 아쉬웠던 것은 학생들이 이론을 시험 때만 반짝 외웠다가 시험이 끝나면 곧바로 잊어버린다는 것이었다. 아마도 이론이 주는 딱딱함 때문이었으리라……. 그래서 찾아낸 해결책이 중요한 이론마다 사례를 연결하는 방법이었다. 특히 재미와 감동이 곁들여진 사례일 경우, 학생들은 더 분명히 이해하고 오랫동안 기억했다.

이 책의 구성은 사례 기반 강의법에 착안한 소설 형식이다. 애착

이론을 등장인물과 사건 속에서 풀어낸 것은 독자에게 또렷이, 어렵지 않게 전달하려는 의도다. 단지 이론에 그치지 않고 실제의 삶에서 쉽게 적용할 수 있기 때문이다. 이 자리를 빌려 소설 구성에 도움을 준 류여진님께 진심으로 감사의 마음을 전한다.

이 책에는 4가지 애착유형을 대표하는 인물이 등장한다.

불안형 태라, 회피형 현우, 혼란형 유진, 안정형 주영.

애착유형에 대한 독자의 이해를 돕기 위한 설정이다. 어린 시절, 관계 패턴, 직장 생활 등을 각자의 애착유형에 따라 풀어내었다.

1장에서는 새내기 부부 현우와 태라의 갈등을 제시한다. 사랑해서 결혼했다고 믿었지만, 과연 사랑일까? 자신의 결핍을 채워줄 대상을 선택한 것은 아닐까? 모든 것을 사랑으로 포장하고 정당화한 채 상대를 내 맘대로 통제하려는 것은 아닌가? 이 새내기 부부의 갈등은 서로를 잘 알지 못하는 데서 비롯된다.

2장에서는 현우와 태라의 갈등의 원인을 두 사람의 내면에 숨겨진 이미 부서졌을 어린 시절의 상처에 주목한다. 어린 시절 애착유형이 어떻게 형성되는가? 왜 부모와의 애착이 중요한가? 이는 부모와의 관계에서 경험한 상처가 부부 관계에까지 이어져 빗나간 상호작용을 하고 있기 때문이다.

3장에서는 어린 시절 부모와의 관계 경험으로 형성된 자신의 이미지와 타인에 대한 기대가 성장하면서 자존감과 관계성에 미치는 영향을 살펴본다. 안정형, 불안형, 회피형, 혼란형의 애착유형이 연인과의 관계에서 어떠한 상호작용을 유도하는지 주인공들의 삶을 통해 드러난다.

4장에서는 유형별 관계 패턴을 통해 성인 애착이 부부 관계에 어떻게 작용하는가를 들여다본다. 회피형 현우와 불안형 태라의 갈등이 애착유형의 차이임을 보여주고, 반면 결혼에서의 위기를 안정형 주영은 어떻게 대처하는지를 비교한다.

5장에서는 부부 갈등을 해결할 수 있는 실제적 방법에 대해 기술한다. 애착 기반 치료법인 정신화를 통해 부부의 사랑을 회복할 수 있는 길을 제시한다. 정신화란, 자신과 타인의 생각과 행동에 대해 조금 떨어져 바라보는 성찰 능력이다. 예술 작품을 감상하듯 우리의 삶도 멈춰 서서 적당한 거리를 두고 들여다보면 숨겨진 의미와 본래의 의도를 발견할 수 있다. 이러한 성찰 태도를 연습하여 자신의 관계 경험과 그에 따른 문제를 돌아보는 건 매우 중요한 회복 과정이다. 꾸준한 자기 성찰은 왜곡된 관계의 밑그림을 해체시켜 안정된 애착으로 거듭나도록 도울 것이다.

부디 이 책을 읽는 당신이 주인공들의 삶을 통하여 자신의 애착유형을 돌아볼 수 있는 시간이 되길 바란다. 자신의 애착유형을 설명하는 무의식의 상처를 알게 되면 그 상처에 의해 더 이상 흔들리지 않게 된다. 이 책이 당신과 당신의 사랑하는 사람을 알아가는 데 도움이 되기를, 그리하여 좀 더 빛나고 아름다운 삶을 영위할 수 있기를 소망한다.

차례
Contents

프롤로그 _ 3

Chapter 01 결혼은 1+1이 아니다!

행복한 결혼은 환상일까? _ 13

균열의 시작 _ 15

집 밖으로의 도피 _ 17

새벽 한 시, 아내가 아닌 여자의 전화 _ 23

방향을 잃은 현우와 태라 _ 26

유진과의 저녁 식사 _ 31

불길한 전야 _ 34

거리를 좁히며 다가오는 유진 _ 37

태라에게 다가온 도움의 손길 _ 41

흔들리는 현우 _ 44

새로운 길 찾기 _ 50

Chapter 02 어린 시절 애착에 주목하다

첫 기억의 의미 _ 57

첫 결혼기념일에 시작한 부부 상담 _ 59

존재의 시작점, 부모와의 애착 _ 67

부분 박탈을 경험한 태라 _ 71

엄마에게 다가갈 수 없었던 현우 _ 74

완전 박탈을 경험한 유진 _ 77

애착을 형성하는 4가지 특성 _ 79

안전기지가 되어 주지 못했던 현우와 태라의 부모 _ 83

부모의 양육 형태에 따른 애착유형 _ 85

안정형, 주영 _ 86

불안형, 태라 _ 89

회피형, 현우 _ 93

혼란형, 유진 _ 96

Chapter 03 타인과의 관계를 규정하는 성인 애착

마음의 렌즈 _ 101

부모 애착의 연장선, 성인 애착 _ 103

내적 표상에 의해 구분되는 4가지 성인 애착유형 _ 106

자신의 감정에 솔직한 주영 _ 109

버림받을까 봐 불안한 태라 _ 112

사람과의 만남이 두려운 현우 _ 116

세상에 선뜻 발을 내딛지 못하는 유진 _ 121

유진의 도발 _ 128

애착유형에 상응하는 연인과의 관계 패턴 _ 134

Chapter 04 결혼, 과연 사랑일까?

사랑이 어떻게 변하니... _ 143

결혼의 이유 _ 145

빛 가운데 숨겨진 그림자 _ 148

안정형, 주영의 결혼 이야기 _ 150

불안형 태라와 회피형 현우와의 갈등 _ 155

까칠한 여자, 나쁜 남자에게 끌리는 이유 _ 158

넌 나의 반쪽! 내 마음의 결핍을 채워줘! _ 161

늘 함께할 수 있는 따뜻한 배우자를 원했던 태라 _ 164

섬세하게 자신을 배려하고 돌보는 배우자를 원했던 현우 _ 168

Chapter 05 행복한 결혼을 위한 변화의 여정

상처가 치유되어야 비로소 어른이 될 수 있다 _ 175

애착유형의 변화 가능성 _ 177

제2의 애착 대상과의 만남으로 획득된 안정형 _ 181

애착 기반 심리치료로서의 정신화 _ 187

불안정 애착에서 안정 애착으로의 회복의 과정 _ 191

배우자의 첫 기억에 대한 연민 _ 197

두 번째 상담이 시작되고 _ 201

정직한 감정에 대하여 _ 207

XYZ 방식의 I-message 전달법 _ 210

부부를 위한 최고의 선물, 애착의 안정화 _ 214

에필로그 _ 216

CHAPTER
01

결혼은 1+1이 아니다!

사랑은 자신 이외에 다른 것도 존재한다는 사실을 어렵사리 깨닫는 것이다.

-아이리스 머독

행복한 결혼은 환상일까?

"이제 나 안 사랑해?"

태라의 격양된 목소리가 안방까지 따라온다.

오늘따라 사랑이라는 단어가 현우의 귀에는 생소하게 들린다. 사랑, 내가 저 여자를 사랑해서 결혼했던가? 지금 누워 있는 이 방에서, 곧 저 여자와 살을 맞대고 잠이 드는 게 당연한데, 나는 과연 저 여자를 사랑하는가? 현우가 이런 생각에 빠져 대답하지 않자 태라는 씩씩거리며 국자를 든 채로 그에게 다가왔다.

"왜 대답 안 해?"

"사랑하지, 당연히 사랑하지. 뭘 그런 걸 물어."

"근데 왜 건성으로 대답해? 왜 그렇게 중요한 말을 진심으로 안 들리게 말해?"

"건성이 어딨어……. 오늘 회사에서 너무 진을 빼서 말할 힘도 없어서 그래."

"박현우!"

태라의 격양된 목소리는 이내 사라지고 그녀의 눈에 눈물이 고인다. 태라는 늘 그랬듯 '울 정도로 슬픈 일까지는 아닌 일을 울 일'로 만드는 신기한 재주를 발휘한다.

"말할 힘이 없다고? 그럼 나는, 누구랑 말해?"

현우는 더 이상 태라의 눈물에 예민하지 않게 되었다. 그 사실을 이미 알고 있으면서도 최후의 무기로 늘 눈물을 선택해 온 태라는 울 때마다 절망했다.

왜 자신을 안아 주지 않는지, 왜 처음처럼 다정하지 않은지, 왜 눕자마자 바로 잠들어 버리는 건지……. 남편이 원망스러웠지만, 친구들이 신혼 재미 어떠냐며 물어오는 카톡 메신저에는 늘 부끄러움과 달콤함이 잔뜩 묻은 답장을 정성스레 꾸며대는 태라였다.

"밥은 됐어. 혼자 먹어, 오늘은. 미안."

"내가 혼자 밥 먹게 하지 말랬지, 비참하다고! 이럴 거면 왜 결혼했는데……."

현우는 언성을 높이는 태라가 오늘따라 견디기 힘들다. 모텔로 가서 잘까. 안 그래도 회사에서는 위에서 아래에서 압박하고 있어서 지금 당장은 태라와의 관계 개선에 힘쓸 여력이 없다.

커뮤니케이션이 안 된다고, 유학파 팀원 한 놈이 상사에게 현우를 그렇게 평가했다. 독단적이며 고압적인 태도로 팀원들을 대하고, 무리하게 프로젝트를 진행해 데드라인이 되기 전날까지 몰아치듯 닦달을 해댄다고, 업무에서 오는 스트레스보다 사수인 현우로부터 오는 스트레스가 훨씬 크다고 말했다나. 상사는 현우에게 성과 지향적인 인간보다 소통을 잘하는 인간이 현대 사회에서는 더 필요하다고 충고했다. 그는 상사의 말을 이해할 수 없었다. 성과보다 중요한 것이 어디 있다고 저럴까.

균열의 시작

"내 말 듣고 있어? 나 정말 죽고 싶다고!"

차가운 바닥에 국자가 내동댕이쳐지는 금속성의 소리가 그의 정신을 다시 안방으로 불러왔다. '너는 항상 너무 극단적이야' 이 소리가 목울대까지 튀어나오려는 것을 간신히 참고 현우는 재킷을 걸쳤다. 여기만 아니면 된다, 여기만. 회사 근처에도 모텔은 많으니까.

'결혼은 미친 짓이다'였나, 예전에 봤던 영화 제목이 순간적으로 그와 그녀의 머릿속을 훅 스쳐 갔다. 영화를 볼 때는 분명 남의 일, 남의 얘기라고 생각했는데 이제 그 '미친 짓'의 주인공이 자신이 됐고, 연애와 결혼은 명징하게 다른 일이라는 것을 깨달았다.

돌이키기에는 너무 늦었다. 결혼생활 역시 하나의 목표 달성이라고 친다면 이미 둘은 패색이 짙은 상태였지만, 각자의 본진으로 돌아가기에는 자존심과 부모의 비난 때문에 쉽게 패배를 인정할 수도 없었다.

"어디 가? 어디 가냐고?"

순간 현우의 목울대가 한 번 크게 오르내렸다. 후일 태라는 회상했다. 그때 그 아주 작은 움직임은 큰 사건이 닥쳐올 것을 미리 알려주는 전조처럼 불길했고, 태풍을 몰고 오는 나비효과처럼 느껴졌다.

"네가 내 엄마야? 부모도 아닌 게 왜 사사건건 지랄이야!"

벼락같은 목소리로 현우가 소리를 질렀다. 거친 숨소리가 잔뜩 섞인 고성이었다.

태라는 섬뜩했다. 이 남자가 낯설다. 그것도 그냥 낯선 게 아니라 지나치게 낯설다. 태라는 현우를 마주보기가 겁난다. 땀까지 맺힐 정도로. 어제까지만, 아니 몇 시간 전만 해도 자신의 볼에 입술을 갖다 대던 남자가 언성을 높인다. 어쩌면 그건 의무적인 입맞춤이었던가? 결혼 후 처음 있는 일이었다. 짧은 연애 기간 동안에는 생각지도 못한 일이었다. 온몸의 신경세포들이 일제히 경련하는 기분. 마주 본 현우의 눈에는 인광(燐光) 같은 불길이 이는 듯하다.

처음 보는 표정을 하고 있는 사랑하는 사람. 태라는 순간 현우에게서 어린 시절부터 겪어왔던 **'익숙함이 낯설어지는 과정'**의 출발점에 서 있는 느낌을 받았다. 엄마가 병원에 오래 있다가 집으로 돌아왔을 때 안기려 달려드는 어린 자신을 냉정하게 밀어냈을 때와 비슷한 기분이었다.

아무리 외할머니가 엄마가 아파서 그렇다고 얘기해 주어도 나아지지 않던 기분. 버림받은 것 같은 공포와 이제 더 이상 엄마에게 사랑받지 못할 것 같은 불안에 두려웠던 기억이 어제 일처럼 떠올랐다. 이번에는 현우 차례인가? 아무리 겪어도 적응이 되지 않는 그 감정을 선물해 줄 다음 타자가 내 남편이 되는 건가.

'지랄'이라는 글자들을 씹어 자신에게 모욕적으로 뱉어낸 남편의 입술을 멀거니 바라보았다. 현우는 그런 태라를 아랑곳하지 않고 안방을 성큼성큼 가로질러 나가 버렸다. 연기가 아닌 진짜 눈물이 후드득 태라의 눈에서 떨어졌다. 단순히 낯설기만 하면 아무것도 모르는 것처럼 놀라주련만, 엄마의 모습과 현우의 모습이 너무 겹쳐 보여 그녀는 더 두려웠다. 그 익숙함이 두려웠다. 현관문 열리는 소리가 들리고, 태라는 조용한 집에 혼자 남겨졌다. 관 속에 남겨진 시체처럼 고요하게.

집 밖으로의 도피

홧김에 집을 나왔지만 속은 편하지 않았다. 도대체 왜 나를 들들 볶지 못해 안달하는 걸까. 태라도, 상사도, 부하직원도, 어느 하나 자신을 가만히 내버려 두지 않는다고 생각했다.

캄캄해진 어둠 속에서 현우는 자신들의 보금자리가 있는 7층을 올려다보았다. 태라는 뭘 하고 있는지 아직 거실 불은 켜진 그대로다. 형광등 빛이 싫다며 오렌지색 등으로 갈자던 태라의 결혼 전 부탁에 따라 그들의 집 창문 밖으로는 오렌지색 빛이 새어 나온다.

그때 어떤 표정으로 그 부탁을 수락한 것인지 기억이 나지 않는다. 아마 평상시의 자신이었다면 입은 굳게 다문 채 입꼬리만 살짝 올리고, 굳이 말을 하기보다는 고개를 끄덕이는 것으로 대답을 대신했을 거라고 그는 생각했다.

아무래도 상관없다고 속으로 혼잣말을 하면서. 핸드폰으로 숙박업소 정보를 몇 군데 뒤적이던 현우는 한숨을 내쉬며 그 자리에 주저앉았다. 어디서부터 어디까지 잘못된 것인지 알 길이 없다. 자신은 그대로인데 태라만 유난을 떨고, 남에게 보이기 위한 것에 온갖 신경을 쓰고, 부부라는 관계에 지나친 집착을 쏟는 여자처럼 느껴진다.

편의점에서 간단한 안줏거리와 맥주 두 캔을 사 들고 그는 가까운 모텔로 향했다. 그게 현우가 내일의 출근을 안전하게 할 수 있는 최소한의 기준이니까. 천 원을 더 내고 양치 도구가 들어있는 비품도 샀다. 휴대폰은 끄지 않았다. 쓸데없이 태라의 불안을 더 자극할 수 있기에 전화가 오면 일단은 받을 작정이다.

아무도 없는 공간에 들어서서 현우는 안도했다. 도망치고 싶다. 아주 멀고, 사람이 적고, 그를 괴롭히는 것들이 없는 곳으로. 흰 시트가 깔린 침대 위에 누워서 현우는 하릴없이 TV를 틀어 자극적인 제목들로 점철된 포르노 프로그램들을 잠시 뒤적였다. 맥주를 한 캔 따자마자 한 입에 반 넘게 마셔 버렸다.

갈증이 사라지자 태라에게 소리 지르기 전부터 지글지글 끓어대던 그의 머릿속 열기가 조금 식는 듯했다. 맥주가 저녁을 거른 텅 빈 뱃속으로 찌르르 흘러드는 동안 현우에게는 어머니의 말이 갑자기 떠올랐다.

"넌 어렸을 때부터 혼자 알아서 잘했지만 결혼해서도 그럴지는 모르겠다. 아무튼, 와이프 너무 귀찮게 하지 마라."

태라와 결혼하겠다는 말을 꺼내러 찾아뵌 자리였다. 현우가 할 얘기가 있다고 하자 그의 어머니는 그를 데리고 중국집으로 갔다. 다른 손님은 한 명도 없었고, 주인이 메뉴판을 가져다주기도 전에 짬뽕 두 그릇을 시킨 건 어머니였다. 언제나처럼 현우에게 뭘 먹을 것인지 묻지 않던 어머니.

'내가 알아서 잘한 게 아니라 알아서 잘할 수밖에 없도록 만든 건 어머니잖아요'라고 대꾸하고 싶었지만, 그는 여느 때처럼 고개만 끄덕일 뿐이었다. 너무 짠 짬뽕 국물 대신 중국집의 따뜻한 자스민 차를 연거푸 마시며. 아내도 어머니처럼 나를 귀찮아하게 될까, 혼담이 오고 가고, 상견례를 마치고, 집을 알아보고, 식장 측에 예정된 금액을 입금

하는 내내 현우의 머릿속을 헤집던 생각이었다. 그럴 때마다 태라의 재잘거림과 따뜻한 포옹, 그의 소극적인 반응에도 아랑곳하지 않고 크고 풍부했던 그녀의 몸짓이 그런 걱정을 잠재웠다.

'이 여자라면 그런 일은 없을 거야'라고 안이하게 생각한 잘못이었을까. 그는 도대체 태라가 무엇을 원하는지, 왜 갑자기 변한 건지 혼란스러웠다.

머리를 벅벅 긁다가 현우는 결국 리모컨 버튼으로 제일 짧은 동영상 하나를 선택하고 바지를 벗었다. 맥주 캔은 방바닥에 내려놓았다. 태라의 목소리가 음성 지원되었다.

"제발, 맥주 캔 아무 데나 놓지 좀 마! 아저씨같이 술 마실 거면 잔에 따라 마셔! 식탁에 앉아서 마시라고! 오빠, 여기저기 널려 놓는 거 나 너무 싫어."

태라에게서 벗어나야 가장 편하고 자신다운 모습으로 존재할 수 있다는 것을 그녀는 알까. 그나저나 아까 태라에게 한 '지랄'이라는 말은 어떻게 수습해야 할지, 생각하면서도 그의 손은 속옷 안으로 향했다. 그때 재킷 주머니 속에서 휴대폰이 떨어댔다.

"……여보세요."

"정말 끝이야!"

태라가 외친 '정말 끝'이라는 말이 머릿속을 대략 여섯 번 정도 지나갔다.

"……."

"듣고 있어? 정말, 끝이라고! 끝!"

"……."

"나랑 끝내도 좋아? 당신, 나랑 정말 끝내고 싶은 거야? 맞아, 아니야? 왜 대답이 없어? 상관없어? 어떻든 상관없어? 그게 아니면 왜 대답을 안 해!"

연발 소총이 태라의 입에 장전된 것 같았다. 어떻게 인간의 입에서 저런 속도로 저런 양의 말이 쏟아져 나올 수 있을까.

"생각할 시간을······"

"당신 나한테 아까 소리 질렀지? 어떻게 그런 말을 하고도 생각할 시간을 달라고 해? 양심이 있어? 나, 당신한테 겨우 그런 취급 받을 여자 아니야! 왜 나랑 결혼했어? 고작 이렇게 대하려고 나랑 결혼했어?"

태라의 목소리가 점점 잘 벼린 칼날처럼 섰다. 현우는 그 칼날 위에 서 있는 것만 같았다. 태라의 레퍼토리는 늘 같았고, 이제 현우는 위태롭다고 느껴지는 그 감정조차 지겨웠다. 그가 계속 침묵하는 동안 현우를 등진 TV 화면 속의 여자는 교성을 내뱉기 시작했다. 그는 황급히 음소거 버튼을 눌렀다. 불필요한 오해를 살 이유는 없다. 태라의 예민한 감각기관이 방금 전에는 조금 둔했기를 간절히 바랐다. 하지만 하필이 모텔은 방음이 너무 잘 되어 있었다.

"뭐야? 뭐야? 뭐냐고? 방금 무슨 소리야?"

"잘못 들은 거야."

"뭘 잘못 들은 거야? 미쳤어? 어디야? 뭐 하는 짓이야? 진짜 이혼이라도 하겠다는 거야? 두 집 살림하는 거야? 당신 정말 나 죽는 꼴 보고 싶어?"

"······."

늦었다. 아마 이대로 3분 안에, 태라는 폭발할 것이다. 휴대폰을 집어던지거나, 다른 물건을 집어 던지거나, 제 손톱을 사정없이 깨물어 피를 볼 것이다. 뭐라고 말해야 하지. 모텔에 와서 겨우 야동이나 보고 있다고 해야 하나. 아마도 그녀는 현우가 다른 여자와 함께 나체로 있다고 말하나, 사실대로 말하나 불같이 화를 낼 것이다. 그녀가 화를 내는 이유는 '네가 감히 나를 이렇게 취급하는 것'이었으므로.

"박현우! 이제 정말 끝이야, 끝! 도저히 용서가 안 돼."

배경음악으로는 무언가 던져져 부서지는 소리가 들린다.

"당신이 어떻게 나한테 이래? 어떻게 감히, 이래?"

숨소리가 거칠어지더니 꺽꺽거리는 소리와 함께 그녀는 울기 시작한다.

"오늘은, 집에 못 가겠다. 미안해."

겨우 사과의 말을 짜내고 현우는 핸드폰을 껐다. 내일이면 와 있을 부재중 전화 수십 통이 겁났지만 일단 현우는 그만의 무사(無事)를 택했다. 회사로 찾아와 그의 멱살을 잡지는 못할 거다. 태라는 남들의 시선을 무척이나 중시하는 여자니까.

화면 속 여자의 움직임은 더 이상 어떤 감흥도 자극도 되지 못했다. 현우는 TV를 꺼 버리고 지나치게 버스럭거리는 이불 위에 앉아 새 캔을 땄다.

태라의 부모님을 처음 만나고 나서 다시 태라를 봤을 때 그는 생각했다. 교양 있는 집에서 자란 교양 있는 여자구나. 태라의 부모님도, 태라도 스테이크를 굉장히 우아하게 썰었다고 그는 회상했다. 자리를 비울 때 냅킨의 위치와 나이프, 포크의 위치를 세심하게 신경 썼고 수프를 먹을 때 소리도 내지 않았다. 지금까지 이런 고급 레스토랑에서 식사해 본 적이 없었던 현우에게는 무척 어색한 자리였다. 더구나 부모님과 같이 식사하다니.

돌이켜보면 어렸을 때부터 기대감이라는 감정은 현우에게 낯선 것이었다. 그저 꾸역꾸역 시간을 버텨나가는 것. 기다리는 것이라고 해봤자 아주 어린 시절 부모님의 귀가가 전부였던 소년은 이제 무엇도 기다리지 않는 인간이 되어버린 것이다.

계속되는 무응답의 파도 속에서 현우는 사람에 대한 기대를 접게 되었다. 누군가를 믿고 의지하며 위로를 기대한다는 게 가능한 일일까? 내가 살면서 의무가 아니라 의욕으로 움직이게 되는 날이 올까?

현우는 양말을 마저 벗고 누웠다. 프런트에 전화를 걸어 정말 죄송하지만, 내일 7시에 방으로 전화를 해줄 수 있냐 물었고, 부루퉁한 목소리의 남자 직원은 그러겠다고 했다. 눈을 질끈 감고 그는 잠 속으로 도망치기 시작했다. 태라를 피해 도망친 곳에 낙원은 없을 것 같지만 현우에게는 잠이 낙원이 되어 줄 수 있을 것도 같았다.

새벽 한 시, 아내가 아닌 여자의 전화

　애써 양 한 마리 양 두 마리를 세던 현우의 머릿속에 섬광처럼 내일 있을 프로젝트 발표 계획이 스쳐 갔다. 승진에 중요하게 작용할 건으로 신중해야 했고 완벽해야 했다. 현우는 벼락이라도 맞은 듯 몸을 일으켜 꺼 두었던 휴대폰의 전원을 다시 켰다. 미리 다운받아 두었던 PPT 파일을 몇 번이고 넘기며 몇 시간 남지 않은 발표를 준비했다.

　늦은 시간이었다. 몸은 축축 늘어졌지만, 그는 부담감에서 벗어날 수 없었다. 이런 삶을 원한 건 아니었는데…. 갑자기 현우는 그가 살아왔던 온 생애가 엄청난 짐처럼 느껴지며 이 좁아터진 방에서 궁상맞게 시간을 보내는 스스로가 너무 한심하게 다가왔다. 언제까지 이렇게 살아야 하는 걸까? 태라와의 관계도, 직장에서의 입지도 무엇 하나 만족스럽지 못한 인생이었다. 현우는 아무리 생각해도 답이 나오지 않는 고민을 무심결에 또 시작하고 있었다.

　그때 메신저 알림음이 울렸다. 눈을 감고 있던 현우는 숨을 한 번 크게 들이마셨다가 내뱉었다. 태라겠지, 태라일 것이다. 이 시간에 현우에게 연락할 사람이 누가 있단 말인가.

　"선배, 자요?"

　간신히 눈을 떠 휴대폰을 확인한 현우는 액정에 뜬 '유진'이란 이름에 조금 놀랐다. 대학 후배이자 입사 후배이기도 한 유진은, 부서는 달랐으나 어쨌든 간간이 회사에서 마주치는 사이였다. 대학 시절에 가깝게 지낸 사이도 아니고 어쩌다 여럿이 모인 술자리에서 얼굴만 가끔 마주치던 사이였기 때문에 회사에서 선후배로 만났을 때도, "어, 너도 여기 왔구나." 정도의 인사만 유진에게 건넸다.

하지만 유진의 입장에서는 그렇지 않은 모양이었다. 같은 과를 졸업했다는 점에서인지 같은 회사에 다니게 되었다는 점에서인지 모르겠지만 그녀는 현우에게 엄청난 동질감을 느끼게 된 모양이었다.

하지만 유진이 입사한 건 현우가 태라와 결혼한 이후였기 때문에 그는 불필요한 시선이나 오해 같은 것을 받고 싶지 않았다. 살갑게 말을 걸어오거나 점심 식사 후 엘리베이터를 기다릴 때 함께 커피를 마시러 가자고 조르기 일쑤였던 유진을 현우는 티가 나지 않도록 조심하며 피해왔다.

그런데 밤 한 시에 뜬금없이 그녀로부터 온 메시지라니. 답장을 할까 말까 망설이던 현우는 술도 한잔했겠다 답답한 마음 한풀이할 사람 하나 생긴 셈 치자고 마음을 먹었다. "아니, 너는 이 시간에 왜 안 자?"라는, 이모티콘 하나 섞이지 않은 짧고 건조한 답장을 보냈다. 유진은 현우가 답장을 보내자마자 "술 마시고 있으니까요."라고 새로운 메시지를 보내왔다. 현우 역시 곧바로 "나돈데. 난 집 나왔다."라는 메시지를 보냈다. 그러자마자 유진에게 전화가 왔다.

"선배, 왜 가출했어요? 중딩이야? 고딩이야?"

"황유진, 술 많이 했네. 와이프랑 좀 그래서."

"네? 결혼한 지 얼마나 됐다고요?"

"몰라. 그만 들어가라. 너도 내일 출근해야 하잖아."

"그러는 선배는요."

유진의 목소리는 이미 오르락내리락하며 취해 있다는 사실을 여실히 드러냈다.

"난 방 잡고 마시니까 괜찮아."

"선배."

"왜."

"저랑 내일 밥 같이 먹으면 안 돼요?"

"……."

"회사에서 말고요. 신경 쓰여서 그러는 거 다 알아요. 밖에서요."

"왜?"

"그냥 학교 선배이자 회사 선배에게 듣고 싶은 얘기, 그런 거지 뭐."

유진은 어느새 현우에게 조금씩 말을 놓고 있었다.

"알았다."

현우는 대답을 마친 후 전화를 확 끊어버렸다.

'지금 내가 뭐한 거지? 방금. 황유진이랑 점심 약속이라니.'

당황스러웠다. 유진에 대해 어떤 마음도 가지고 있지 않다고 생각했는데. 현우는 자신이 순간 이성을 잃었다고 생각했다. 남은 맥주를 한 모금에 털어 넣고 그는 다시 잠을 청했다. 자고 일어나면 괜찮을 거라고, 십 년 넘게 자기 자신에게 걸어왔던 주문인지 다짐인지를 또 되뇌며.

방향을 잃은 현우와 태라

모텔 전화기에서 울리는 벨소리만큼 불쾌한 것도 없을 것이다. 예정대로 일곱 시에 그를 깨운 모텔 카운터 사내의 목소리는 불퉁스러웠다. 현우는 몸을 일으켜 커튼을 확 젖혔다. 밝은 햇살이 삽시간에 좁은 방을 가득 채웠다.

프레젠테이션과 유진, 오늘 처리해야 할 두 가지 중대 사안이었다. 아, 참. 태라도. 현우는 출근하면서도 태라에게서 온 부재중 전화와 메시지를 무시하느라 더욱 바쁘게 움직였다. 9시까지만, 참자. 태라도 출근을 해야 하니 그 이후에는 지금처럼 끈질기지 못할 것이다. 프레젠테이션을 먼저 생각하자. 다음이 유진이고 그다음이 태라다.

어떻게 프레젠테이션을 마쳤는지 기억이 나지 않았다. 직장에서만큼은 완벽해야 한다는 강박에 사로잡혀 살아왔던 시간이 너무 길었던 까닭일까, 오히려 현우는 양 겨드랑이를 적시는 땀 냄새가 익숙할 지경이었다.

발표 자료를 내려놓고 나서야 현우는 휴대폰을 들여다볼 여유를 찾았다. 지난밤 태라에게서 화살 쏟아지듯이 빗발친 메시지들을 전부 다시 읽었다. 자살 시도를 하겠다는 내용이 몇 번 들어있지만, 현우는 개의치 않았다. 태라는 죽을 용기가 없다. 아니, 죽기에는 가진 게 너무 많아 아까워서라도 죽지 못할 사람이다.

태라의 부모님이 현우와의 결혼을 반대했던 사실이 불현듯 떠올랐다. 현우가 가진 게 없어서라고 생각해서였을까. 아니면 말이 너무 없어 싹싹하지 못한 사위를 보는 게 싫으셨던 걸까. 결국 태라의 완고한 의견을 꺾지 못하고 현우에게 장인, 장모가 된 사람들은 못마땅하게나마 그를 받아들였다.

사실 당시 현우는 많이 놀랐다. 그저 조용한 자신을 이해해주고, 적극적으로 데이트 신청을 하며 분위기를 부드럽게 끌어가던 태라에게서 그렇게 고집부리는 모습은 찾아보기가 어려웠기 때문이다. 사람 안에는 도대체 몇 겹의 막들이 존재하는 것일까. 현우는 태라를 모르겠다고 생각했다.

지난 시간 동안 보아 온 태라의 모습을 떠올리며 혼란스러워하던 현우는, 유진이 성큼성큼 자신에게 다가오는 모습을 보고 당황했다. 티나게 가까이 오지 말라고 말하려는 찰나, 유진은 아주 조용하고 빠르게 쪽지를 하나 떨어뜨리고 스치듯 지나갔다.

'일곱 시 반, 릴리프에서 봐요.'

회사와는 적당히 거리가 있는 식당이었다. 현우는 그 정도면 괜찮겠다고 생각하며, 흘긋 시계를 보았다. 점심은 먹지 않는 것이 좋겠다고 생각한 현우는 오래도록 끊었던 담배를 들고 옥상으로 올라갔다.

태라와 어떤 식으로든 마무리를 지어야 했다. 싸움이 길어져 봤자 좋을 게 없었다. 피곤하다. 피차 일생의 장애물을 굳이 하나 더 만들어 봤자 서로에게 마이너스인 관계. 현우는 담배 한 대를 길게 태우고 단축번호 1번을 꾹 눌렀다. 엄지손가락이 붉게 변할 정도로 세게. 이 단축번호도 태라가 설정해 둔 것이었지, 싶어 건조한 웃음이 났다. 도대체

이 여자는 내 생활 어떤 부분까지 저 자신을 심어 둔 걸까.

"여보세요."

통화 연결음이 몇 번 가기도 전에 태라는 칼같이 전화를 받았다.

"밥은."

첫마디가 욕이 아니어서 현우는 조금 당황했다.

"먹, 먹었지."

"나보다 밥이 먼저지."

그러면 그렇지, 역시 태라는 절대 갈등을 유야무야 봉합할 여자가
아니었다.

"그런 거 아니야, 프레젠테이션 때문에 너무 정신이 없었고……."

"누구 집에서 잤어?"

태라의 목소리에서는 냉기가 뚝뚝 흐른다. 그 뒤에는 별로 상상하
고 싶지 않은 분노가 도사리고 있다는 것을 현우는 알고 있다.

"모텔에서 잤어."

이실직고가 최고.

"그래? 모텔에서 어떤 여자랑 잤어?"

"무슨 소리야, 혼자 잤어."

"박현우, 나 이혼서류 준비해 놨어."

"왜 그래, 진짜. 미안해."

"뭐가 미안해, 지랄이라고 한 거? 아니면 딴 여자랑 잔 거? 그것도
아님 둘 다?"

"아, 진짜. 윤태라, 그런 거 아니야. 체크카드 내역 찍어서 보내줄
게. 모텔 이름도 알려줄게. 입구 CCTV라도 돌려 보면 될 거 아니야."

당당하게 나가는 현우를 태라도 어쩌지 못했다.

"이따 들어와서 얘기 좀 해."

"무슨 얘기."

"앞으로 나한테 어떻게 할 건지, 우리 관계를 어떻게 할 건지 생각해 와. 그 얘기 하자는 거야."

"나, 야근이야."

현우는 유진과의 저녁 약속을 떠올리며 흔한 거짓말을 했다. 목울대가 오르내리며 목 안이 깔깔하게 느껴졌다. 여자를 만나는 일로 태라에게 거짓말을 해보기는 처음이었다. 이성으로 느껴지지 않는 유진일지라도 거짓말은 거짓말이었으니까.

"몇 시쯤 오는데."

태라는 소리 지르기 대신 차갑게 말하기를 선택했다. 아마도 그것은 그녀가 지금 있는 곳이 직장이었기 때문이리라.

"열두 시 전에는 갈 거야."

"집에서 봐."

"그래."

"끊지 마, 내가 먼저 끊을 거야."

이내 전화는 끊어졌고 현우는 태라의 메신저 프로필 사진을 들여다보았다. 신혼여행에서 찍은 사진이었다. 땡볕 아래에서 현우를 몇 번이고 재촉해 찍은 사진. 사진을 찍어주면 태라는 구도가 마음에 안 든다, 빛이 마음에 안 든다, 다리가 너무 짧게 나왔다, 눈이 게슴츠레하게 나왔다, 등등의 핑계로 그에게 다시 카메라를 쥐여 주었다. 땀을 훔치는 그에게 태라는 말했다.

"여기서 인생샷 찍기가 신혼여행에서 꼭 하고 가야 할 버킷 리스트거든요."

아아, 그래, 하고 현우는 기계적으로 셔터를 눌렀다. 현우의 목덜미께에 그때와 비슷하게 뜨거운 직사광선이 열기를 뿜어내고 있었다. 그들의 신혼생활이 어느새 1년을 향해 달려가고 있었다.

유진과의 저녁 식사

　유진은 릴리프에 미리 가 앉아 있겠다고 했다. 같은 팀도 아닌데 굳이 같이 나가는 모습을 보이는 것보다 그게 나을 것 같아 현우는 '그래'라는 짧은 회신을 보냈다.

　"뭐 먹을래?"

　메뉴판을 유진 쪽으로 밀어주자 그녀는 망설이거나 현우가 먹고 싶은 것을 먹겠다고 대답하는 대신 봉골레 파스타를 먹겠다고 했다. 현우가 쉽게 메뉴를 고르지 못하자 유진은 같은 걸로 먹어보라며 빠르게 주문했다.

　"저, 와인 마셔도 돼요?"

　현우는 가볍게 고개를 끄덕였다.

　"이거 선배가 사는 거예요?"

　이번에도 현우는 말 대신 얼굴을 위아래로 조금 까딱이는 것으로 대답을 했다.

　"나는 선배가 이 회사에 있어서 진짜, 반가웠는데."

　"나도."

　"무슨, 거짓말. 나는 다 알아요. 선배는 그냥 나를 얼굴 아는 후배 1로 대했지 뭐. 같이 술도 몇 번 마셨으면서, 정 없긴."

"단둘이 마신 것도 아니잖아."

"둘이 어울리지 않았다뿐이지 제가 선배 있던 술자리에 없었던 적 있나요, 뭐."

'뭐'는 유진의 말버릇인 듯했다. 이야기하다 보니 둘이 같은 동아리에서 활동했을 때 현우가 얼마나 여학우들에게 인기가 많았었나가 화제에 올랐다. 와인을 조금 마시자 유진은 현우의 호칭을 선배에서 오빠로 자연스럽게 바꾸었다. 어젯밤 말을 놓았을 때만큼이나 자연스러웠다. 현우는 기분이 조금 나아지는 것을 느꼈다. 오래전이었지만 자신이 누군가의 열렬한 수요였다는 것을 알게 되는 기분은 신선했다.

"그래서, 오빠가 말도 없고 조금은 신비주의였잖아. 뭐, 나도 안 좋아했다고 하면 거짓말이죠. 등산은 무슨 등산 같은 소리야. 솔직히 오빠랑 친해지고 싶어서 마음에도 없는 산 탄 여자애들 많았다니까."

스스럼없이 그런 말을 뱉는 유진은 볼이 붉어져 있었다. 파스타는 맛있었고, 유진은 현우에게 대답이나 리액션을 강요하지도 않았으며 현우가 그렇게 앉아만 있어도 그녀는 잘 웃었다. 현우가 불편해하지 않을 정도로 현우를 칭찬했고 회사에 대한 불평을 늘어놓을 때는 현우까지도 격한 공감을 표하며 동참하게 될 정도로 이야기를 잘했다. 얘가 이런 애였나, 싶을 만큼 현우는 유진을 다시 보게 되었다.

"이제 가야죠. 내가 새신랑 너무 오래 잡고 있었구나. 아, 참. 듣고 싶은 얘기는 사실 욕심이었어요. 왜 집 나왔는지 궁금했는데 선배는 말 안 하겠지, 뭐."

"너, 하고 싶은 얘기는 다 한 거야?"

"아뇨. 하지만 그건 다음 시간을 위해 남겨 놔야지. 오늘은 한 3분의 1만 했어요."

"그럼 나는 너를 두 번만 더 이렇게 보면 끝날 수 있는 거지?"

"에이, 말을 뭐 그렇게 해요? 서운해!"

토라지는 척하는 유진은 당돌했다. 현우는 그런 유진에게서 연애 초기 태라의 모습을 보았다. 태라가 딱 이랬다. 자신이 이 자리를 편하게 느낀 이유도 사실 그거였구나, 하는 깨달음이 스쳤다. 가만히 있어도 괜찮을 것 같은 안도감을 주는 여자였다, 태라도. 한 사람의 역할이 영원히 한 가지로 고정되는 것은 아니라는 걸 현우는 새삼 깨달았다. 아마 유진도 누군가의 아내가 된다면 지금의 태라처럼 행동할 가능성이 0은 아닐 것이다.

"그 얘긴 다음에 하자. 와이프랑 사이가 좀, 그래. 길게 말하고 싶지는 않고. 일단, 지금은."

유진을 택시에 태워 보낸 현우는 버스를 탔다. 와인에는 별로 취미가 없을뿐더러 오늘은 취한 채 들어가고 싶지 않았다. 태라에게 야근을 한다고 했으니 치밀해야 한다. 또 온 집안의 불이란 불은 다 끄고 저승사자처럼 버티고 앉아 있지는 않을까, 현우는 자기 집 도어락 비밀번호를 누르면서도 흡사 남의 집을 털러 들어가기라도 하는 듯 등골이 오싹해지는 것을 느꼈다.

불길한 전야

"왔어."

"응, 늦었네."

태라는 팔짱을 낀 채 안방으로 따라 들어왔다. 자잘한 꽃무늬의 홈 웨어 치맛자락이 사뿐, 흔들린다. 언제 퇴근했냐고, 오늘은 회사에서 뭐 힘든 일 없냐고, 태라가 싸우기 전 자신에게 보여주었던 다정함처럼 현우도 그래야 하나 생각하고 있는데 태라가 현우의 양복 재킷을 받아 들었다.

"땀 많이 흘렸나 보다. 덥지? 가서 씻어."

현우는 그 땀이 태라로 인한 긴장감이라고 생각했다. 유진과의 만 남을 속였기 때문에 배어 나온 죄책감의 흔적이라고는 생각하지 못했다.

현우는 군말 없이 고개를 주억거리고 화장실로 고분고분 들어갔 다. 태라를 자극하지 말자. 일단 사과하고, 태라를 아까의 유진처럼 만 들자. 원래의 태라의 모습으로 돌아오게 하면 될 것이다. 쉽지 않겠지 만, 현우는 기다리는 일에는 자신이 있으니까. 쏟아지는 물줄기 아래서 유독 길었던 하루의 여독을 떨쳐내고 그는 심호흡을 크게 했다. 태라가 자신을 조금 더 이해해주면 좋겠다고 생각하며.

화장실 밖에서 수건으로 대충 물기를 터는데 태라의 손에 쥐어진 자신의 핸드폰이 보였다. 현우는 잠깐 멈칫했다.

"왜?"

"황유진이 누구야?"

핸드폰에 고정되었던 태라의 시선이 천천히 움직여 현우에게로 왔다. 방금 샤워를 마친 보람도 없이 현우의 등줄기에는 또 땀이 맺히기 시작했다.

"야근을 그 여자랑 했어?"

"……."

"일곱 시 반부터, 릴리프에서?"

바지 주머니에 넣어 둔 쪽지가 태라의 다른 손에서 나왔다. 현우는 입술을 깨물었다. 태라는 그것을 외도에 대한 시인이라고 생각했다. 그녀는 들고 있던 것들을 있는 힘껏 내팽개쳤다. 어제 국자를 떨어뜨렸던 순간이 데자뷰처럼 지나갔다.

도대체 왜? 현우가 좋았던 이유는 여자라고는 자기밖에 모른다고 여겼기 때문이다. 가끔 회사 일 때문에 너무 지쳐 관계를 거부할 때를 빼고는. 그 정도는 태라도 마감이 얼마 남지 않았거나, 상사로부터 부담이 과도한 프로젝트를 넘겨받았을 때 으레 있을 법한 일이라고 여겨 왔기 때문에 아무렇지도 않았다.

그런데 이건 아니었다. 가정이 있고 부인이 있는 남자가 다른 여자와 식사를 했다. 식사만 했을까? 릴리프? 태라는 손이 떨렸다. 대리석 바닥에 던져진 현우의 핸드폰을 다시 집어 들었다. 어젯밤에는 통화 기록까지 남아있다. 만났을까? 남편과 함께 잔 여자가 황유진일까? 태라는 다시 온 힘을 다해 현우의 핸드폰을 바닥에 내동댕이쳤다. 액정에 금이 갔다. 어쩌면 액정보다 그들의 관계에 먼저 그어졌을지도 모르는, 거미

줄같이 희고 정교한 금이 눈에 들어왔다.

현우는 아무 말도 할 수 없었다. 태라는 몇 번이고 같은 동작을 반복했다. 그러다가 아기처럼 바닥에 주저앉아 팔다리를 쭉 내뻗으며 눈물을 터뜨렸다가 손톱을 세워 머리와 가슴을 쥐어뜯기를 수차례였다.

현우는 어떤 말도 행동도 할 수 없었다. 한참을 그러던 태라가 눈을 들어 살쾡이 같은 매서운 눈빛으로 현우를 노려보았다. 그 눈빛에 압도된 현우는 한 발짝 뒤로 물러났다. 입술은 하도 씹어 감각이 없을 정도였다.

"이혼하자. 진짜. 그게 결론이야. 우리는, 답이 없어. 정말 끝이야."

태라는 벌떡 일어나 여행용 캐리어를 꺼냈다. 닥치는 대로 옷가지며 화장품이며 쓸어 담은 태라는 홈웨어 차림으로 집을 나가버렸다. 어제는 나였고 오늘은 태라구나. 이 집에서 우리는 함께 행복할 수는 없는 걸까. 현우는 망연히 박살 나 버린 핸드폰을 주웠다. 태라에게 연락조차 할 수 없었다. 오늘 밤이 길 거라는 예감, 아니 확신이 현우와 태라 모두를 휘감고 있었다. 사흘 후가 그들의 첫 결혼기념일이었다.

거리를 좁히며 다가오는 유진

현우는 그 다음날 회사에서도 내내 멍했다. 어쩔 수가 없었다. 태라에게 연락을 취할 방법도 없었고, 연락이 된다 해도 무슨 말을 어떻게 해야 할지 감도 잡히지 않아 간밤을 거의 뜬눈으로 지새웠던 탓이다.

태라도 마찬가지였다. 화를 낼 만큼 냈고 짐을 싼다고 쌌지만, 미처 챙기지 못한 물건들이 너무 많았다. 어쩌면 현우도 그중 하나일까. 회사에서 신중하게 전화를 받아야 하는 상황이 몇 번이나 찾아왔지만, 평소의 그녀답지 않게 사소한 부분에서까지 실수를 연발했다. 두 사람은 오전 내내 이 파국에 어떻게 대처할 것인지에 온 신경을 집중했다.

구내식당으로 식사를 하러 갔지만 현우는 영 입맛이 없어 도로 사무실로 올라오고 말았다. 사람들이 모조리 빠져나가 사무실이 한산한 틈을 타 깊은 한숨을 내쉬며 그는 생각했다. 어렸을 때부터 뭔가 문제가 생겨도 손을 써서 해결하기보다는 한 발짝 뒤로 물러나 상황이 저절로 해결될 때까지 기다리던 습관 때문에, 이번에도 딱히 뾰족한 수를 떠올릴 수가 없었다. 정말 태라와 이혼 도장을 찍게 되는 것일까?

"선배."

유진이었다. 뭐가 저렇게 좋은 걸까. 쟤는 왜 웃고 있는 걸까. 친절하게 대꾸할 기운도 없어 현우는 불퉁스레 대답했다.

“뭐.”

“어? 싫어요? 그럼 어제처럼 다시 오빠?”

“야. 너는, 회사에서…….”

현우가 면박을 주자 유진의 표정은 순식간에 샐쭉해졌다. 화장이 평소보다 조금 더 진해져 있었다. 옷도 신경 써서 입은 티가 역력했다.

“어제 잘 들어갔어요?”

“응.”

“별일 없었어요?”

“응.”

“와이프랑은 화해…….”

현우의 표정이 굳어지는 것을 본 유진은 금세 말을 멈췄다. 유진의 마음속에서는 예쁜 노란색 불이 반짝 켜졌다. 아직 못했구나.

“못하셨구나.”

“와이프가 집을 나갔어.”

“어머, 어쩌다가요?”

“몰라. 어쩌다가 너랑 만난 걸 알았어.”

“그냥 학교 후배라고 말씀하시지 않구요?”

“그런 걸 말할 기회를 주는 여자가 아니야…….”

“그렇다구 점심도 안 먹어요?”

“…….”

“아침도 안 먹었을 거 아녜요.”

현우는 안타까운 듯한 유진의 말투에 위로받는 기분이 들었다. 아침. 그러고 보니 아침도 못 먹고 출근을 했던 것이다. 그의 침묵을 긍정으로 잘 알아들었는지 유진은 말했다.

"아침 안 먹고, 점심 안 먹고. 이렇게 집에 보내면 저녁도 못 먹겠지, 선배. 회사에서는 좀 그러니까 이따가 나랑 저녁 먹고 들어가요."

따뜻한 목소리였다. 엄마에게서도 들어보지 못했고, 결혼하고 나서 태라에게서도 들어보지 못한 목소리.

"릴리프는 안 돼."

"된장찌개에 밥 먹고 가요. 생선구이도 잘하는 집이 있어."

현우는 갑자기 허기가 동하는 것을 느꼈다. 그 틈을 놓치지 않고 유진은 말했다.

"내가 그래도 여자니까, 여자 마음은 잘 알아요. 나한테 얘기해 주면요, 선배, 내가 어떻게 해야 할지 알려줄게요."

"마음은 고맙다. 그런데 이혼 얘기까지 나온 마당에 해결이 될까 싶네."

"네? 이혼이요?"

유진은 이런 남자들을 잘 알고 있다고 생각했다. 그리고 몇 시간 후 자신의 옆에 앉아 있게 될 이 남자를 한 번 훑어봤다. 그녀가 준비해야 할 몇 가지를 되새기며. 촉촉이 젖은 눈, 너무 진하지 않은 향수, 친엄마의 아픈 사연 같은 것들이었다. 현우는 그런 유진의 속마음을 아는지 모르는지 여전히 착잡한 표정을 짓고 있었다. 말을 많이 하지 않는 것도, 어딘지 외롭고 아픈 구석이 있는 것처럼 느껴지는 것도 유진의 마음에 들었다.

"아무튼, 그럼 밥이나 먹고 가지. 끝나고 회사 뒤쪽 편의점에서 기다려. 핸드폰이 고장 나서 연락이 안 돼."

"알았어요."

유진은 화장실로 향했다. 머리를 다시 묶고 화장을 고쳤다. 꼭 끼는 블라우스와 스커트 때문에 적나라하게 드러난 몸매가 거울에 비쳤다.

'어차피 선배도 좋아할 거면서.'

립스틱을 바르고 유진은 그렇게 생각했다. 수많은 다른 남자들과 다르긴 하지만, 현우도 별수 없는 사내일 것이다.

태라에게 다가온 도움의 손길

같은 시간, 오전의 실수가 너무나 마음에 걸렸던 태라는 아메리카노 한 잔으로 쓰린 속을 달래며 거래처에 사과 이메일을 남기고 있었다. 사생활 때문에 회사 일에 집중하지 못하다니, 프로페셔널하지 못하게.

"태라 씨? 왜 밥 안 먹고?"

태라가 입사할 때 그녀의 사수였던 주영이었다. 태라와 팀이 달라진 이후에도 친언니처럼 태라를 챙겼기 때문에 태라는 그녀의 등장이 어쩐지 반가웠다.

"대리님."

"왜, 일이 너무 많아?"

"휴……."

"일 때문이 아니구먼."

"어떻게 아세요?"

태라의 눈길이 주영의 왼손 약지에서 빛나는 반지에 가 멎었다. 유난히 반짝여 보이는 주영 대리의 결혼반지에 대자면 지금 자신의 처지는 너무나 초라하게 느껴졌다.

"딱 보면 알지. 뭐가 우리 태라 씨를 이렇게 다운시키는 거야?"

"대리님, 저 이혼할지도 몰라요."

입술을 한참 깨물고 있던 태라가 어렵게 말을 꺼내자 주영의 눈은 크게 위아래로 벌어졌다가 가늘어지기를 반복했다. 어떤 대답을 할지 생각하는 표정이다.

"괜찮아요."

침묵이 길어지자 태라는 손톱을 깨물며 먼저 말을 건넸다. 전혀 그녀가 괜찮아 보이지 않았으므로 주영의 표정이 진지해졌다.

"태라야."

회사 밖에서는 언니 동생 하는 주영이 태라의 손을 입에서 떼어낸 후 꼭 잡았다. 얼마나 깨문 것인지 손톱들이 너덜너덜하다. 태라는 금방이라도 눈물이 흐를 것 같아 연방 눈을 깜박거렸다.

"내 말 잘 들어. 그거, 그렇게 쉬운 일 아니야. 나도 결혼 3년차인데 남편이랑 살면서 위기가 없었다고 하면 거짓말이야. 이따가 끝나고 시간 있어?"

태라는 말 없이 고개를 끄덕였다.

"아무한테도 안 한 얘긴데, 너한테는 해줘야 할 것 같다."

주영은 태라를 한 번 안아 주었다. 거래처에 전할 죄송하다는 말을 정중하게 포장하느라 안 그래도 지친 태라의 눈에 눈물이 가득 고인다.

"일단은 일 보고. 또 너만 무능력한 것 같다고 자책하지 말고. 신입 때부터 그 버릇, 고치라고 했다!"

장난스럽게 혼을 내는 시늉을 하고 주영은 자리로 돌아갔다. 태라는 모니터에서 점멸하는 글자들을 바라보다가 어젯밤 일을 곱씹었다.

남편에게 다른 여자가 생겼다. 정말 이대로 이혼해도 괜찮은 걸까? 자신만 바보짓을 하는 건 아닐까, 하는 의구심이 태라를 집어삼켰다.

엄마 아빠가 반대했던 결혼을 한 벌인가? 태라가 이혼을 해준다면 현우는 새 여자와 행복할 것이다. 그 여자는 어떤 사람일까. 나보다 예쁠까, 젊을까…… 그것도 아니라면. 자꾸 불쾌한 상상이 태라의 머릿속을 모니터 삼아 재생되었다.

주영 선배에게 치부만 드러내는 꼴이 되지는 않을까, 현우가 떠난다면 태라는 또다시 외로워지지 않을까, 오늘 실수로 회사에서 무능력한 사람으로 찍히지는 않았을까, 가지가지 고민을 짊어지고 태라는 끙끙거렸다.

흔들리는 현우

회사 사람들은 모두 불금이니 뭐니 하며 퇴근 시간을 칼같이 지켜 삼삼오오 흩어졌다. 현우는 더 처리해야 할 서류가 남았다며 일부러 조금 미적거렸다. 유진과 회사 밖에서 만나는 것을 보일 필요는 없었다. 태라가 유진의 존재를 알게 된 마당에 더 조심해야 했다. 하릴없이 펜을 굴리다가 현우는 생각했다.

'그냥 학교 후배라고, 거짓말한 것은 미안하지만 그냥 네가 신경 쓸까 봐 그랬다고 말하면 해결되는 거 아닐까. 그러면, 태라도 이해해 주지 않을까.'

하지만 현우는 어제 머리를 쥐어뜯고 목덜미에 손톱자국이 남도록 제 몸을 긁어대던 태라의 모습만 생각하면 더듬이가 건드려진 달팽이처럼 온몸의 신경이 재빠르게 오므라드는 느낌이었다.

'절대 이해하지 못할 거야.'

조여진 넥타이를 조금 느슨하게 한 후 현우는 시계를 보았다. 이쯤이면 될 것이다. 종일 아무것도 먹지 못한 현우는 맹렬한 식욕을 느꼈다. 편의점에 도착해 보니 유진은 혼자 맥주를 한 캔 마시고 있었다. 현우를 보자마자 유진은 또 방긋 웃었다. 이번에는 현우도 아주 조금, 웃어 주었다.

"그 집이 어디야?"

"위쪽으로 조금만 더 가면 있어요. 회사랑 가까운데 여기를 은근 모르더라구. 진짜 맛있는데. 집밥같이 말이야."

유진은 은근슬쩍 현우의 팔에 제 팔을 걸었다. 엉겁결에 유진과 팔짱을 끼게 된 현우의 몸이 조금 경직되었다.

"뭐야?"

"빨리 가요, 빨리. 늦게 가면 자리 없어."

유진의 손에 이끌려 오게 된 한정식 집은 훌륭했다. 식당이 크거나 화려한 것은 아니었지만 유진의 말처럼 집밥처럼 소담스럽고 정갈했다. 깊은 손맛이 나는 밑반찬과 찌개, 생선 자반이 현우의 허기를 자극했다. 현우는 허겁지겁 밥숟가락을 뜨며 반찬을 집어삼켰다. 땀까지 뻘뻘 흘리며 요기를 하고 나니 유진이 그를 안쓰럽게 바라보고 있었다.

"아, 너무 배가 고파서."

"어쩜 한마디도 안 하고 먹어요?"

"그랬네. 미, 미안."

"여기, 맛있죠?"

현우는 고개를 끄덕거렸다.

"선배, 여기 진짜 엄마가 해주는 것 같은 맛이지 않아요?"

"그러네."

"사실 나는 엄마가 해준 밥을 한 번도 먹어본 적이 없는데, 그냥 왠지 엄마가 해주는 밥은 이런 맛일 것 같아."

유진은 테이블에 묻은 얼룩을 손가락으로 문지르며 조용히 말했다. 현우가 당황하는 기색이 역력했다. 이 순간을 놓치면 안 된다.

"나는 사실, 엄마 얼굴도 모르거든요. 아빠가 그러는데 나 젖떼기도 전에 병원에 들어갔대요. 그러면서 엄마를 제 새끼 버린 나쁜 여자라고 하구. 그런데 내가 생각하기에는 아빠도 나빠요. 아빠는 엄마를 버리고, 엄마는 나를 버린 거거든."

유진은 현우의 표정을 힐끗 살폈다. 그녀의 이야기를 막거나 자를 만한 사람은 못 되겠다고, 유진은 결론을 내렸다. 유진은 자신의 아픔을 잘 이용할 줄 아는 사람이었다.

"아빠는 엄마랑 이혼했어요. 엄마가 정신병원에 들어간 지 두 달만에. 꼭 기다린 사람처럼. 그래서 나는 새엄마한테서 자랐구."

"어……."

"오빠, 나는 동화에 나오는 계모들은 진짜 다 거짓말인 줄로 알았어요. 세상에 아무리 못됐어도 그렇지, 전처 애라고 해도 어린 나를 그렇게까지 심하게 대했을까."

유진은 잠시 말을 멈추고 머리를 쓸어 넘겼다.

"글쎄. 세제가 닦이지도 않은 컵에 우유를 담아 줘서 내가 컵을 놓치면 자기가 주는 게 먹기 싫어서 일부러 깨뜨렸다고 아버지한테 일러바치고, 그러면 아빠는 기집애가 못됐다고 때리고. 그런 일들이 수없이 계속되면서 많이 울면서 컸던 것 같아요."

"그랬구나."

현우는 이런 얘기를 듣는 것이 익숙하지 않았다. 하지만 유진에게 그런 내색을 할 수가 없었다. 겉으로는 밝고 대학 시절 주변에 남자들도 많았던 유진이 이런 아픔을 가진 사람일 거라고는, 생각하지 못했기 때문이다. 현우가 잠깐 생각에 잠겨 있는 동안 유진이 카랑카랑하게 외쳤다.

"이모! 여기 소주 한 병이요!"

"야, 술을 왜, 너 아까 맥주도……."

유진이 고개를 올려 현우를 바라보았다. 저 눈은 아픈 사람의 눈이다. 저 눈빛은 분명히 아파본 적이 있는 사람의 것이다. 현우는 직감적으로 그것을 알아챘다. 금방 유진의 눈길을 피하기는 했지만. 현우는 불편한 침묵을 무마하기 위해 유진의 잔에 소주를 따랐다.

유진은 잔이 차기가 무섭게 단숨에 술을 비웠다.

"가끔 나도 되게 궁금하단 말이죠? 엄마한테 사랑받는다는 느낌이 도대체 얼마나 좋은 건지. 나는 절대, 앞으로 무슨 수가 있어도 그걸 모를 거 아냐. 오빠, 미안해요. 불러다 밥 먹이고 이런 얘기나 해서."

"아, 아니야."

현우는 그 순간, 유진이 자신과 몹시 닮았다고 생각했다. 유진이 그토록 궁금해하는 '엄마로부터 사랑받는 느낌', 그 따뜻함을 현우 역시도 모르고 자란 탓이었다. 같은 아픔을 지녔다는 공감대가 생기면서 유진이 좀 더 가깝게 느껴졌다.

"사실 나는 행복한 느낌, 그게 뭔지도 잘 모르겠어요. 그냥 내 기본 상태는 불행이고, 가끔 거기서 죽지 않을 정도로 숨통만 틔워주는 거 같아요. 신이 있기는 있나 봐. 이렇게 딱, 죽지 않을 만큼만 살려놓는 거 보면. 사춘기 때는 연년생 남동생들이라고 있는 것들이, 하."

유진은 높고 빠른 목소리로 주절거리다가 깊게 숨을 몰아쉬었다. 유진은 고개를 떨어뜨린 채 발라낸 생선 가시들을 말없이 한데로 모으다가 잠시 손이 멈추는 순간, 테이블 위로 유진의 눈물이 툭툭 떨어졌다.

"그렇게, 만지는 거예요. 지겹지도 않은지……. 계속, 계속이요. 밤에 방 불을 못 끄고 잤어요. 불을 끄면 아, 잠들었구나 하고 또 만지러 올까 봐. 속옷을 빨아서 널어놓으면 마르기도 전에 훔쳐 가는 짐승들이었어. 너무 지옥 같았는데, 죽지도 못했어요. 나 죽으면 아버지가 엄청 행복하게 살 것 같았거든. 계속 살아서, 아버지랑 새엄마한테 눈엣가시라도 돼 줘야겠다, 그런 생각으로 버텼어요. 오빠, 저 그래도 어찌어찌 잘 버텼죠?"

힘들게 말을 마친 유진은 해사한 표정으로 웃어 보였다. 현우는 유진을 따라 웃을 수가 없었다. 눈물이 글썽거리는 눈과 달리 바르르 떨리는 입꼬리를 억지로 끌어당기며 웃는 이 여자가 너무 안쓰러웠던 탓이다. 모진 시간이었겠거니, 짐작은 할 수 있어도 쉽게 위로를 건네기에도, 별것 아니라고 털어버리라고 말하기에도 너무 무거운 이야기였다. 유진의 이야기는 묵직했다. 태라가 어제 폭탄처럼 던지고 간 '이혼'이라는 단어를 현우는 잠시 잊어버릴 수밖에 없었다.

말 중간중간 유진이 혼자 따라 마신 소주가 한 병이다. 유진은 웃는 얼굴로 슬그머니 현우의 몸에 기대왔다. 현우는, 그런 후배를, 밀어낼 수가 없었다.

"나요, 이런 얘기 처음 해봐요. 왠지는 모르겠는데, 아무튼, 현우 선배한테는 말을 해도 될 것 같아서……."

유진은 속삭이듯 작은 목소리로 말했다. 유진의 눈은 어느새 감겨 있었고 속눈썹 끝에 맺힌 눈물방울들은 방금 현우가 들은 이야기가 사실이라는 것을 알려주었다.

현우는 아무런 말도 할 수가 없었다. 원체 위로라는 것을 해본 적이 없어 괜스레 입을 열었다가는 서툰 말들만 잔뜩 튀어나올 것 같았기 때문이었다. 현우는 유진의 어깨를 몇 번 토닥였다. 그 행동이 기폭제라도 된 것처럼 유진의 등이 크게 들썩이며 울음소리가 커졌다.

"지난 일이야 지난 일……. 많이 힘들었겠다."

기껏 한다는 말이 이런 거라니. 현우는 유진이 크게 울기 시작하자 식당 사람들의 이목이 그들에게 쏠리는 것을 느꼈다. 이런 상황이 불편해진 현우는 황급히 계산하고 유진을 부축해 나왔다. 조금 깊게 파진 옷 사이로 유진의 속옷이 보일 것 같았다. 현우는 택시를 잡으려고 큰 길가로 나갔다. 유진은 겨우 소주 한 병으로 취한 것일까.

"유진아. 유진아! 힘들어? 취했어?"

"선배, 너무 내 얘기만 했죠? 미안해요……. 이제 내가, 오빠 얘기를 좀 들어줘야 할 거 같은데, 나, 너무 힘들어요……. 안 마시던 술을 막 마셨더니…… 우리 잠깐 어디 들어가서 얘기 좀 하다 가면 안 돼요? 나, 지금 집 가기도 힘든데."

"알았어, 일단. 걸을 수 있어? 똑바로 설 수 있어?"

유진은 하이힐을 신은 다리를 힘겹게 가누고 섰다.

"이 근처에 카페 있어. 차를 마시면서 술 좀 깰까?"

"아뇨, 카페 말고요. 좀 눕고 싶어요. 나아, 너무 힘들어."

현우는 당황했다. 눕고 싶다는 게 무슨 말이냐고 물을 만큼 순진한 사람은 아니었으나 현우는 유진이 왜 자신에게 쉬었다 가자는 말을 하는지 이해할 수 없었다.

"무슨 소리야, 황유진. 정신 차려. 나 박현우야. 네 선배야, 선배."

"알아요, 누가 뭐래? 선배는 앉아 있으면 되잖아. 나만 잠깐 누웠다가 술 좀 깨면 가면 되잖아요. 얘기만 하자는 건데, 참. 남자들은……."

그 뒤에 일어난 일들은 차마 떠올리고 싶지 않다. 할 수만 있다면 시간을 되돌려 없었던 일처럼 지우고 싶었다.

새로운 길 찾기

집으로 돌아왔지만, 태라는 없었다. 태라가 집에 다녀간 흔적도 없었다. 현우는 옷을 갈아입지도 않고 침대에 엎어졌다. 눈이 저절로 감겼다. 그날 현우는 악몽을 꾸었다. 등 뒤에서는 태라가 '박현우, 우린 끝이야. 이혼해!'를 외치고 있었고 자신의 발밑에서 유진이 악에 받친 표정으로 무릎을 꿇고 열심히 현우의 바지를 벗기려고 끙끙대는 꿈이었다.

긴 악몽에서 깨어난 현우는 오늘이 토요일이라는 것을 깨닫고 안도했다. 현우는 벌떡 일어나 집 안을 살피며 태라의 흔적을 찾았다. 태라는 여전히, 집에 없었다. 현우는 마른세수를 하고 대충 옷을 걸쳐 입은 뒤 망가진 휴대폰 수리를 맡긴 대리점으로 향했다. 휴대폰을 받아들고 나서 현우는 어마어마한 길이의 문자가 유진으로부터 와 있다는 것을 확인했다. 머리가 아파질까 봐 그는 그 문자를 읽지 않았다.

"어디 갔다 왔어?"

태라였다. 거실 소파에 한쪽 머리를 짚은 채 비스듬히 기대앉은 태라의 모습이 보였다.

"핸드폰, 수리, 맡긴 거. 찾아 가지고……."

태라의 표정에서는 도저히 의중을 읽을 수가 없었다. 이 여자가 그제 밤 그렇게 자신을 쥐어뜯던 여자가 맞는지 의아할 정도로 그녀의 표정은 무심했다.

"밥은?"

현우는 고개를 저었다. 애초에 혼자서 뭘 차려 먹는 편도 아니었고 입맛이 도는 것도 아니었다.

"저기, 태라야."

"응."

"내가, 미안해."

현우는 미안하다는 말을 힘겹게 꺼냈다. 태라는 아무 말도 하지 않고 그를 바라보고 있었다.

"오해가 있었어. 내가 거짓말을 한 건 맞지만, 절대 네가 생각하는 일이 일어난 건 아냐."

태라는 살짝 한숨을 내쉬며 눈을 감았다. 가지런한 속눈썹이 착 내려앉았다.

"어디서 잤어?"

"주영 선배네 집에서 잤어."

"아, 그 결혼식에 왔던 회사 선배?"

"응."

간만에 오고 가는 차분한 대화였다.

태라는 현우에게 소파 옆에 와 앉으라고 했다. 주영에게서 들은 어젯밤의 이야기를 현우와 나누기 위해서였다. 태라에게서 뭔가 심상치 않은 느낌을 받았는지 현우는 고분고분했다.

"어제 퇴근하고 언니네 집에 갔어. 마침 언니 남편이 출장 중이라서. 참 성격도 좋고 능력 있는 선배라서 늘 닮고 싶은 롤 모델이었는데, 언니도 결혼생활이 쉽지는 않았나 봐."

현우는 묵묵히 듣고 있었다.

"언니가 정성스레 차려준 밥도 먹고, 차도 마시면서 언니네 결혼생활 이야기를 들었어. 항상 잉꼬부부 같아 보이던 두 사람 사이에도 갈등이 깊어져 헤어질 고비가 있었는데 잘 이겨냈대. 부부 상담을 받으면서……."

"부부 상담? 그 선배 부부가 상담을 받았다고?"

현우는 조금 놀란 표정으로 태라에게 되물었다.

"응, 그래서 왔어. 우리, 상담 한 번 받아보자. 내가 주영 선배 결혼 생활하는 거 보고 부러워할 때마다 자기도 그랬잖아. 좋아 보인다고. 근데 그 뒤에 그런 일이 있었을 줄은 몰랐어. 마지막 지푸라기야, 나한테는. 같이 가 줄래?"

현우는 잠깐 얼굴을 찌푸렸다. 상담 같은 건 정신적으로 문제가 있는 사람들이나 받는 거라고 생각했다. 그런데 태라가 자신에게 그런 곳에 함께 가자고 한다. 태라의 표정은 절박해 보였다. 절벽에서 간신히 한 손만 걸쳐 놓은 사람처럼 자신을 바라보고 있었다.

"우리도 나아질 수 있어. 자기와 나."

"나아질 수 있다고?"

"응. 우리가 모르고 있던 걸 알 수 있지 않을까. 내가 소리 지르지 않고, 자기가 무조건 침묵하지 않고. 조금 더 편하게 지낼 수 있을 거야. 편하게 보다는 행복하게."

현우는 '행복하게'라는 대목에서 저절로 고개가 끄덕여졌다. 사실, 자신이 원하는 것도 바로 그것이었으니까. '행복'이란 단어 하나!

그날 밤, 현우는 유진에게서 온 문자를 확인했다. 구구절절하게 자신이 현우를 얼마나 원하는지와 현우가 유진의 학창 시절 만났던 교생 선생님을 얼마나 닮았는지에 대해 쓰여 있었다. 그리고 현우가 그녀를 만나주지 않는다면 회사에서 현우와의 관계를 모두 폭로하겠다고 하는 내용도 포함되어 있었고, 그리고…… 유진의 팔목에 그어진 자해의 흔적을 찍은 사진까지. 현우는 소스라치게 놀라며 메시지를 모두 삭제해 버렸다. 온몸에 소름이 돋았다. 현우가 알던 유진이 아닌 것 같았다. 뭐야, 이거. 정신병자 아니야. 현우는 유진을 피해 멀리멀리 깊은 동굴로 숨어들고 싶었다.

"자기야. 왜 안 자?"

"응, 자려고. 업무 보고 관련된 것 때문에……."

"얼른 자자."

태라가 침대에 누운 현우의 목덜미께로 이불을 여몄다. 다정하다. 태라가 조금 낯설게 느껴졌지만 나쁠 것은 없었다. 좋은 느낌이었다. 현우가 다시 찾아든 동굴에는 이제 태라가 있었다. 유진을 다시 만나는 일은 없을 것이라고 생각하며 현우는 아슴아슴 잠이 들었다.

CHAPTER
02

어린 시절 애착에 주목하다

첫 기억의 의미

　우리는 아주 어린 시절을 기억하지 못한다. 자기 경험이지만 전혀 기억하지 못하는 이러한 현상을 발달심리학자들은 '유아기 기억상실'이라고 부른다. 찰나적 경험이 단기 기억의 형태로 변환되어 장기 기억으로 저장되기 위해서는 경험한 사건이 순차적으로 정리되고 언어로 표현될 수 있어야 한다. 이러한 기능을 담당하는 대뇌변연계의 해마체(Hippocampus: 측두엽에 위치한 기억을 주관하는 뇌)는 18개월부터 발달이 시작되어 만 3세가 되어서야 완성이 되기 때문에, 대부분의 사람들은 보통 4~5세 이후의 경험을 첫 기억으로 떠올린다.

　그 결과, 첫 기억 이전의 경험들은 장기 기억으로는 보존되지 못하지만, 몸의 기억으로 남아 우리의 무의식에 깊이 가라앉게 된다. 첫 기억이 의미가 있는 것은 이러한 무의식에 가장 가깝게 접해 있어 우리가 알지 못하는 어린 시절 부모와의 경험을 유추할 수 있게 해주기 때문이다. 첫 기억이 부모에게 칭찬받은 경험처럼 긍정적일 경우, 그 사람은 성장하면서도 매사에 당당하고 긍정적이다. 반면에 첫 기억이 수치스럽거나 부정적일 경우, 살아가면서 자존감도 낮고 대인관계도 부정적일 경향성이 높다. 이처럼 어릴 적 경험은 우리 인생의 밑그림이 되어 앞으로 살아갈 평생의 삶의 질을 좌우한다. 과연 그 이유는 무엇일까?

보통 사람들은 자신의 기억들이 컴퓨터의 기억장치처럼 뇌에 각각 저장되어 있을 것으로 생각한다. 하지만 우리가 새로운 경험을 하게 되면 그 경험이 각각 별개의 기억 방에 저장되는 것이 아니라 그와 유사한 과거의 경험이 저장된 기억의 방을 찾아간다. 새로운 경험에서 생겨난 신경세포가 기존에 이미 형성된 기억의 신경망에 연결됨으로써 네트워크를 확대해가는 것이다. 만약 어릴 적 부모와의 경험이 안정적이고 행복한 경험이었다면, 그 이후의 다른 사람들과의 경험 역시 행복한 기억으로 연결되기가 쉽다. 이와 반대로 부모와의 경험이 불안정했다면 다른 사람들과의 관계에서도 불행한 기억의 연결고리를 찾아 불행을 느끼는 정서를 강화한다.

이처럼 어린 시절 부모와의 관계 경험은 우리의 성격과 인간관계의 기초를 놓기 때문에 부모와의 애착이 안정적이면 행복하게 살아갈 확률이 높고, 불안정하면 그 이후의 삶도 불안과 불신의 삶을 살게 될 가능성이 크다. 기억은 곧 감정이고, 그 감정이 우리의 삶을 몰아가기에!

첫 결혼기념일에 시작한 부부 상담

다음날 쇠뿔도 단김에 빼자며 상담실에 현우를 데려온 태라는 긴장한 기색이 역력했다. 태라가 부부 상담 신청서를 작성하는 것을 지켜보던 현우 역시 어딘지 불편한 마음을 쉬이 감출 수가 없었다. 상담자는 그런 부부의 모습이 익숙하다는 듯 인사를 건네며 자리에 앉았다.

"안녕하세요?"

"안녕하세요?"

"만나서 반가워요. 어떤 도움이 필요하셔서 방문하셨나요?"

상담자의 질문에 태라가 먼저 조심스럽게 말문을 열었다.

"잘 모르겠어요. 이제 결혼한 지 막 일 년이 되었는데 남편이 연애 때와는 너무 달라서 낯설어요. 최근엔 서로 오해도 있어 이혼까지 말이 나오다 보니, 이렇게는 안 되겠다 싶어 부부 상담을 받기로 했어요."

"그렇군요. 아주 잘 오셨어요. 결혼생활은 연애 때와는 많이 다르죠. 남편분은 어떠세요?"

"네, 저는 똑같은데 아내는 제가 자꾸 변했다고 하고, 저도 우리 부부 사이에 뭐가 문제인지 알고 싶어 왔어요."

현우가 짧게 대답했다.

"네, 그래요. 두 분 다 어려운 결정을 하시고 귀한 시간을 내주셨네요. 어렵고 소중한 시간을 내주신 만큼 상담을 통해서 좀 더 서로를 알아가는 시간이 됐으면 좋겠어요. 아내분께서 최근에 서로 오해가 있었다고 말씀하셨는데 잠시 그 이야기부터 들어볼까요?"

조금 머뭇거리다가 현우가 먼저 간단하게 정리해서 말했다. 직장 스트레스로 인한 사소한 갈등으로 시작되었지만, 아직도 서로의 다름에 적응하지 못해 생긴 오해였다고.

태라가 이어 현우에 대한 자신의 서운함을 토로했다. 연애 때는 남편만큼 자신을 받아주고 사랑해 줄 남자가 없다고 생각해서 결혼을 결심했는데 날이 갈수록 무심해지면서 자신을 외롭게 만드는 현우에 대한 불만이었다.

현우 역시 연애 시절 다정하고 배려심 많았던 태라의 모습과는 달리 결혼 후 매사 자신을 간섭하고 통제하려는 아내가 낯설고 어떻게 대해야 할지 몰라 답답하다고 덧붙였다.

두 사람의 오가는 이야기를 묵묵히 듣고 있던 상담자는 두 사람을 향해 입을 열었다.

"두 분이 연애 때의 모습과 결혼생활에서 부딪치면서 마주하는 모습이 조금 차이가 있나 봐요. 연애 때는 누구나 다소간 연인에게 좋은 모습을 보이려고 노력하지만, 상대방의 모습을 자신의 기대로만 바라보니 이로 인한 오류나 착각일 수도 있지요. 하지만 분명 연애 때의 그러한 모습이 사라진 것은 아닐 텐데, 아마도 갈등으로 표출되는 행동 저변에 자리 잡고 있는 서로의 진짜 마음을 몰랐던 것은 아닐까요?"

"그렇게 연애 기간이 길지는 않았어요. 한 4~5개월! 그래도 서로를 알 만큼 안다고 생각했는데, 그렇지 않았나 봐요."

태라가 멋쩍게 웃으며 대답했다.

"그렇군요. 이제라도 서로에 대해 알아가면 되지요. 결혼이란 배우자에 대해 배워가는 학교에 입학한 것과 같아요. 제가 아내분에게 먼저 질문해도 될까요?"

"네? 무슨……."

태라는 조금 긴장한 듯 상담자를 바라보았다.

"아내분의 첫 기억은 어떤 건가요?"

상담자가 태라를 바라보며 질문했다.

"네? 첫 기억이요?"

순간 당황한 태라는 눈동자를 굴리며 첫 기억을 찾기 위해 기억의 장막 뒤를 더듬었다.

"잠시 눈을 감고 태라 씨가 기억할 수 있는 가장 어린 시절로 돌아가 보세요. 그리고 그때의 경험을 한번 떠올려 보세요. 어떤 장면이 보이나요?"

태라는 잠시 생각에 잠기고 현우는 그런 아내의 옆모습을 곁눈질했다.

"저의 첫 기억은, 아마도 초등학교 들어가기 전, 여섯 살 즈음인데……. 엄마가 갑자기 없어졌다고 느낀 거요. 아무리 찾아도 엄마가 보이지 않아, 너무 무서웠던 기억이 나요. 그 장면이 어제 일처럼 아직도 선명해요. 그날 이후 마음에 판박이가 되어 나의 일부가 된 것처럼……. 유치원을 갔다 오면 늘 엄마가 집에 계셨는데 그날은 아니었어요. 햇살만 베란다에 가득하고 온 집이 조용했어요. 집에서 살림을 도와주시는 아주머니가 허둥지둥 나오셔서 저를 맞이하며 말해주셨어요.

'태라야, 엄마가 아프셔서 병원에 입원하셨어. 당분간 외할머니가 오셔서 엄마 대신 너를 챙겨주실 거야.' 아마 그런 말씀을 하셨던 것 같아요. 엄마가 없어지면 항상 외할머니가 집에 오셨거든요. 하지만 외할머니가 엄마 대신이 될 거라니. 어린 제가 받아들이기는 너무 힘들고 충격적인 일이었어요. 상상할 수도 없었어요. 낮잠도 엄마 품에서 자고 밥도 엄마랑 같이 먹고 잠들 때 동화책도 엄마가 읽어주고 아침에 머리도 엄마가 빗겨 주셨는데, 저는 막 울었어요. 얼마나 울었던지 머리가 아팠던 기억이 나요. 아주머니를 밀치고 때리면서 울었어요. 엄마를 데려오라고요."

"저런, 그랬군요. 아주 슬픈 기억이네요. 늘 같이 있던 엄마가 예고도 없이 갑자기 사라졌으니 어린 태라가 얼마나 놀랐을까요? 그때로 돌아가서 울고 있는 태라를 꼭 안아 주고 싶을 정도로 안쓰럽고……. 어린 태라는 그때 기분이 어땠을까요? 한번 물어봐 주세요. 여섯 살짜리 태라에게."

"음……. 춥고 무서웠어요."

"갑자기 엄마가 사라진 자리가 춥고 무섭게 느껴졌군요."

"네. 엄마 냄새가 나는 담요를 가지고 온몸을 덮어도 울음을 그칠 수 없었고, 몸이 부들부들 떨렸어요. 세상에서 나만 떨어져 나온 느낌. 엄마한테 가고 싶은데 아무것도 할 수가 없잖아요, 저는. 엄마가 다시는 돌아오지 않을까 봐 겁도 나고, 아주머니가 먹을 걸 줘도 다 거부하고 그 담요만 꼭 쥐고 있었어요. 현관문만 바라보면서 엄마를 기다렸어요. 겁이 났어요. 여섯 살짜리가 외로움이 뭔지는 잘 몰랐겠지만 저는 그때 분명히 외로웠어요."

태라의 눈에 그렁그렁 눈물이 맺혔다. 현우는 어딘지 유약해 보였던 장모님의 첫인상을 떠올렸다. 고급스러운 옷에 값비싼 보석으로 감쌌지만, 분명히 창백한 안색이 도드라졌다. 그래서 결혼 후 가끔씩 처가에 들려 장모님을 뵐 때마다 늘 건강에 대한 안부를 묻곤 했던 기억이 스쳐 갔다.

아내가 고개를 돌리고 눈물을 닦아내고 있었다. 현우는 코끝이 조금 찡해졌다. 나와 연락이 되지 않았을 때, 아내는 그 여섯 살짜리 아이처럼 현관문만 바라보고 있었을 것이다. 한 손에는 핸드폰을 꼭 쥐고. 어쩌면 울었을지도, 지금처럼.

상담자는 태라에게 시간을 주었다. 잠시 눈물을 찍어내고 거울을 들여다보던 태라가 조금씩 호흡을 안정시켰다.

"이제는 남편분에게 같은 질문을 해볼게요. 현우 씨의 첫 기억은 무엇인가요?"

"음, 손을 씻는 장면이…… 어렴풋이 떠올라요. 세면대에서 손을 씻었어요."

"어린 현우가 손을 씻고 있는 장면이 첫 기억이군요. 세면대에서……."

상담자는 안경을 조금 올려 쓰며 되물었다.

"네. 발이 세면대까지 닿지 않아 발판 위에 올라서서 최대한 뽀득뽀득하게 손을 씻었어요. 엄마는 제가 더러우면 절대 저를 가까이 오지 못하게 하셨거든요."

"그때 현우는 무엇을 하다 엄마가 가까이 오지 못하게 할 정도로 더러워졌을까요?"

"아마도 집 앞 놀이터에서 혼자 놀았던 것 같아요. 친구들이랑 어울리는 게 뭔가 힘들었어요. 음…… 모래판 위에서 모래성을 저 혼자 만들고 부수며 놀았고……. 그러다 그네도 타면서 놀았어요. 그렇게 혼자 놀다가 왠지 집에 있는 엄마가 보고 싶었나 봐요. 엄마한테 달려갔어요. 아마…… 안아달라고 말하고 싶었을 거예요, 그때. 근데 엄마 표정이 너무 무서웠어요. 제 어깨를 잡고 돌려세우면서 '박현우! 엄마가 더러운 흙 묻혀 가지고 이렇게 오는 거 싫다고 했지!' 하셨어요. 그래서 화장실에서 손을 씻었죠. 오래오래, 이 정도면 될까, 이 정도면 될까……. 하면서. 그 세면대가 흰 비누 거품으로 뒤덮일 때까지 씻었어요. 엄마랑 장난도 치고 뒹굴고 싶었는데 그날도 끝끝내 안아 주시지 않았던 것 같아요. 엄마는 항상 바빴으니까. 그렇게 엄마가 나를 봐주기를 기다리다 잠이 들었어요. 누나랑 형이 TV를 보고 있는 소파 한쪽에 쭈그려서요."

"현우 씨는 그때 기분이 어땠어요?"

"밀쳐진 기분이었죠. 엄마한테. 아, 실제로 밀쳐졌구나. 더 이상 엄마한테 자연스레 다가가긴 어려울 거라는 느낌이 망치처럼 쾅 치고 갔어요. 형과 누나는 이미 그게 익숙하다는 듯이 혼자서 모든 걸 잘해나갔고요. 아주 어렴풋이 나는 엄마 아빠에게 굳이 뭔가를 요구하거나 의사 표현을 해서 불편하게 하지 않아야 한다는 걸 알게 됐어요. 무엇이든 혼자 해내야 한다는 막연한 불안감."

태라는 씁쓸히 웃으며 남편의 말하는 모습을 바라보았다. 이렇게 말을 할 줄도 아는 사람이었다니, 놀라웠다. 그동안 태라는 현우가 이렇게 길게 제 속을 내비치는 말을 하는 것을 들어본 적이 없었다.

"두 분은 배우자의 어린 시절의 부모와의 경험에 대해 알고 있었나요?"

"아니요."

두 사람의 대답이 겹쳤다. 잠시 침묵이 흘렀다.

"어때요? 배우자의 어린 시절 이야기를 듣고 자신의 어린 시절을 말하는 게 현우 씨와 태라 씨에게 어떤 영향을 준 것 같나요?"

"저는 아직 잘 모르겠습니다."

현우가 먼저 대답했다.

"그런데…… 사실 몰랐던 일이에요. 아내가 이런 기억을 가지고 있었다는 것을. 왜 저럴까, 생각만 하고 묻지 않았던 것들이 조금 해결……도 된 것 같아요. 그리고 처음입니다. 저의 '첫 기억'이라는 걸 더듬어 기억해 내고 누군가의 앞에서 말해 본 건요."

상담자가 고개를 끄덕이며 이번엔 태라를 바라보았다.

"저도 아직은 잘 모르겠지만 누군가랑 떨어지는 게 저한테는 항상 쉽지 않았던 일이었다는 사실을 깨달았어요. 살면서 슬프고 무섭고 불안하고, 그런 기분을 느꼈을 때는 항상 제가 누군가와 멀어지거나 연락이 되지 않을 때라는 걸요."

"남편의 첫 기억에 관한 이야기는 태라 씨에겐 어떻게 들렸나요?"

"정말 저도 처음 들었어요. 남편에게 그러한 아픔이 있다는 사실을 오늘에야 알게 되더니, 우린 서로를 너무 몰랐구나 하는 생각이 드네요."

"이제 시작이에요. 두 분 모두 처음부터 드라마틱하고 엄청난 변화가 나타나기를 기대하시면 이 상담은 너무 더디고 효과도 없는 것처럼 느껴지시겠지만, 서로의 이야기를 듣고 그 이야기를 통해 상대방이 어떤 느낌이 들었는지, 그 느낌을 이해해 볼 수 있는 시간을 가져보는 거예요. 그러다 보면 그만큼 서로에게 다가선 자신들의 모습을 보게 될

겁니다."

두 사람은 고개를 끄덕거렸다. 상담실을 나와 두 사람은 나란히 걸으며 예전과는 조금 달라진 기분으로 걷고 있다는 걸 느낄 수 있었다. 상담실 문이 닫히기 전에 상담자가 잊지 않아 다행이라는 말투로 현우와 태라에게 인사를 건넸다.

"아, 참. 두 분 결혼기념일 축하드려요!"

어설프게 고개를 끄덕하고 현우와 태라는 서로를 마주 보았다. 낯설고도 익숙한 눈동자를.

존재의 시작점, 부모와의 애착

첫 기억이 행복했던 사람은 성인이 되어서도 밝고 긍정적이다. 부모로부터 칭찬 들었던 일을 첫 기억으로 간직한 사람은 그 이전 경험들 역시 비슷한 긍정적인 경험일 것이라고 유추할 수 있다. 이들은 자기 부모처럼 다른 사람들도 자신을 좋아해 줄 것이라 믿고 있어서 타인에게 쉽게 마음을 열고 다가간다. 사람들과의 관계는 행복하다는 기억 세포의 신경망이 확장되면서 '행복'이라는 핵심 신념이 그들의 삶을 주도해 간다.

하지만 첫 기억이 불안하거나 수치스러웠던 사람은 쉽게 위축되고 눈치 보는 경향성이 높다. 첫 기억이 바지에 오줌을 싸서 사람들 앞에서 창피를 당한 경험이라면 그 사람에게는 늘 수치감의 그림자가 드리워져 있게 된다. 더 어린 시절의 경험들 역시 제대로 돌봄 받지 못해 기본적인 의사 표현조차 할 수 없었던 아픈 기억들이 무의식에 남아있을 것이다. 이들은 다른 사람들도 자신을 비웃을 것이라고 여기기에 먼저 다가가지 못하고 거리를 두게 된다. 부정적인 정서를 강화시켜 행복한 순간조차 기쁨을 누리지 못하고 불행을 예기하며 불안해한다.

이처럼 첫 기억 그 너머에 있는 어릴 적 부모와의 경험들, 즉 부모－자녀 간 애착이 개인의 성격 형성과 타인과의 관계성을 좌우한다. 무의식 속의 부모와의 애착 경험이 자신의 이미지를 조각하고 그에 기초하여 타인에 대한 이미지를 구축해가기 때문이다.

어릴 적 엄마가 자신의 욕구에 반응하여 그 필요를 채워주면 선한 엄마의 이미지가 내사(introjection, 상대방의 모습을 자기 내면에 그대로 받아들이는 것)되어 '선한 나'를 형성한다. 그렇게 자리 잡은 '선한 나'의 이미지는 '나는 가치 있고 사랑받을 수 있는 사람'이라는 높은 자존감으로 이어진다. 타인에게도 '선한 나'의 자기 이미지를 투사(projection, 자신의 감정이나 생각을 타인에게 전가하는 것)하여 신뢰할 수 있는 좋은 사람으로 여긴다.

반면에 엄마가 아기의 욕구나 필요를 엄마 기분에 따라 다르게 반응하거나 무시하는 경우, 나쁜 엄마의 이미지가 내사되어 '나쁜 나'를 형성한다. 그 이미지는 '나는 무가치하고 사랑받을 수 없는 존재'라는 낮은 자존감을 야기한다. 살면서 만나게 되는 사람들에게도 '나쁜 나'의 이미지를 투사하여 그들 역시 믿을 수 없는 사람이라고 여긴다.

이처럼 생애 초기, 부모와의 관계 경험을 통해 자신과 타인, 그리고 세상을 바라보는 마음의 틀이 짜여진다. 양육자인 부모와의 애착은 자라면서 점점 확고해져 개인의 성격과 타인과의 관계성을 구축해 간다.

애착이론의 창시자 볼비

영국의 소아정신과 의사였던 존 볼비(John Bowlby)는 2차 세계대전 후 전쟁으로 부모를 잃게 된 아이들을 돌보는 일을 하게 된다. 그는 음식과 보살핌을 제공했음에도 불구하고 아이들이 제대로 자라지 못하고 다양한 문제를 보이는 모습을 관찰했다. 갑자기 부모와 떨어져 불안이

나 우울증에 시달리거나 면역 체계가 무너져 죽어가는 아이들도 생겨 났다.

그 당시 프로이트 이론을 따르던 고전 정신분석학파는 아기는 생존에 필요한 젖을 먹기 위해 엄마를 찾는다고 여겼다. 하지만 시설에 수용된 고아들을 관찰하면서 볼비는 먹는 욕구보다 관계 욕구가 생존에 더 중요하다는 것을 깨닫게 된다. 또한 그 당시 행해졌던 해리 할로우(Harry Harlow)의 '사랑의 본질(Nature of Love)'이라는 붉은 털 원숭이 실험을 통하여 그는 이를 확신하게 된다.

할로우는 막 태어난 붉은 털 새끼 원숭이를 어미 원숭이로부터 떼어내 두 마리의 모조 어미 원숭이가 있는 우리에서 키웠다. 철사로 만들어진 어미 원숭이에게는 우유병을 매달아 놓았다. 다른 어미 원숭이는 열선을 깐 부드러운 천으로 감아 어미 품과 같이 포근한 느낌을 주었다. 새끼 원숭이들은 배가 고플 때만 철사 원숭이에게 매달려 우유를 먹고 나머지 시간은 부드러운 천 원숭이에게 매달려 있었다.

특히 새끼 원숭이는 놀라거나 위협을 받으면 즉각 보드랍고 따뜻한 천 원숭이에게로 달려가 안겼다. 이러한 실험은 어미와 떨어진 새끼 원숭이에게는 따뜻하고 부드러운 접촉을 통한 애착이 먹이보다 위로가 되고 생명을 유지할 수 있는 안식처 역할을 한다는 사실을 보여준다.

접촉을 통한 애착의 중요성은 인간의 발달에도 똑같이 적용된다. 발육에 필요한 영양을 공급받지 못한 아기가 제대로 자라지 못하고 죽어가는 병을 '소모증(marasmus)'이라고 부른다. 하지만 영양이 충분히 공급되어도 안아주거나 쓰다듬는 손길을 받지 못하면 소모증에 걸린 아기처럼 쇠약해지거나 성장이 급격히 줄어드는 병을 '박탈 왜소증(deprivation dwarfism)'이라고 한다.

이처럼 아기가 생존에 필요한 기본적인 사랑과 관심을 받지 못하는 모성 박탈(maternal deprivation)은 정상적인 발달을 방해하고 심한 경우 죽음에 이르게 한다. 애착 대상인 엄마를 잃게 되는 완전 박탈은 심각한 정서 문제를 가져올 수 있는 발달 트라우마를 초래한다. 엄마와의 일시적인 분리와 같은 부분 박탈만으로도 아기가 지속적인 불안을 느끼거나 심한 경우, 분노나 우울과 같은 정서 장애를 보기도 한다. 엄마와 재회를 한 후에도 이미 아기 내면에는 자신을 버리고 간 엄마에 대한 불신과 버려짐에 대한 불안이 잠재되어 있기 때문이다.

이처럼 양육자와의 애착은 생존뿐 아니라 자신의 가치와 타인에 대한 기대를 형성하며 한 개인의 역사를 만들어 간다. 볼비는 막 태어난 갓난아기에게는 엄마의 젖보다 더 중요한 무엇인가가 필요하다는 사실에 주목하게 되면서 애착 이론을 정립하게 된다. 애착은 '친밀한 두 사람 사이에 지속되는 정서적 유대관계(emotional tie)'라고 정의하면서!

부분 박탈을 경험한 태라

태라 역시 부분 박탈의 피해자다. 태라의 어머니는 평소에 좋지 않았던 심장이 임신과 출산을 겪으며 상태가 악화되어 몇 차례 치료차 장기 입원을 해야 했다. 엄마가 갑자기 사라져 버린 순간이 태라에게는 가장 두렵고 힘든 경험이었다. 자신을 늘 옆에서 돌봐주던 엄마가 더 이상 존재하지 않는 것처럼 사라지면, 태라는 마치 넓은 세상에 홀로 버려진 것 같았다. 손가락을 꼽으며 한 밤 두 밤 기다려도 엄마가 돌아오지 않자 태라는 자신도 물거품처럼 사라질 것 같은 불안에 휩싸였다.

엄마의 상태가 호전되어 집으로 돌아온 후에도 태라에게 엄마라는 존재가 낯설고 어색하게 느껴졌다. 더 이상 태라가 알던 예전의 엄마가 아닌 것 같고 소독약 같은 병원 냄새를 풍기는 엄마에게 선뜻 안기기가 어려웠다. 시간이 지나면 다시 응석을 부리며 엄마 곁을 찾았지만, 태라는 늘 불안했다. 엄마가 언제 또 사라질지 모르니까!

태라는 장난감을 갖고 놀면서도 노상 엄마의 눈치를 살폈다. 엄마가 아파 누워 계실 때는 집 안에서 까치발을 하고 걸었다. 심장이 약한 엄마가 혹시나 자신 때문에 놀라서 더 아프게 되지는 않을까 싶어서. 엄마가 속상해하지 않도록 떼도 안 쓰고 말 잘 듣는 착한 딸이 되도록 노력했다.

자다가 눈을 떴는데 곁에 엄마가 보이지 않으면 태라는 엄마를 부르며 온 집안을 찾아다녔다. 그러다 부엌에서 아침 식사를 준비하는 엄마를 발견하면 그제야 마음이 놓였다. 엄마는 들어가서 더 자라고 말씀하셨지만, 그 사이에 엄마가 사라질까 봐 불안한 태라는 졸린 눈을 억지로 뜬 채 요리하는 엄마의 모습만 고집스럽게 응시하기 일쑤였다.

그때의 불안은 태라를 좌지우지하는 **핵심감정**(자신의 생각과 행동을 이끌어내는 절대적인 중심 감정)이 되어, 성인이 되어서도 불안한 상황이 오면 그 어린 시절의 태라로 돌아갔다. 버림받음의 불안이 온몸을 휘감으며 이성적 판단을 마비시켰다. 어릴 적 엄마와의 관계에서 경험한 버려짐의 상처가 **'관계 불안'**이라는 마음의 구멍을 만들어 다른 사람과의 안정된 관계 형성을 방해했다.

성장하면서 친구들이나 연인과의 관계에서도 헤어짐은 태라에게 가장 어려운 인생 과제였다. 누군가를 만나게 되면 혹여 자신이 싫다며 떠나갈까 봐 태라는 늘 전전긍긍하며 상대와 밀착된 관계를 유지하려 애썼다. 그러다 보니 태라의 집착에 상대방이 질려, 먼저 떨어져 나가곤 했다. 그러한 과정이 반복되면서 태라의 버림받음에 대한 두려움인 '관계 불안'이라는 마음의 구멍은 점점 더 커지고 깊어져 갔다. 그리고 커진 구멍만큼 다음 관계에 더 집착하게 되는 악순환이 되풀이되었다.

사실 태라가 현우와 결혼을 결심한 이유도 태라의 '관계 불안'이라는 핵심감정이 작동한 탓이다. 감정 기복이 심해 하루에도 천국과 지옥을 오가며 파도처럼 요동치는 자신과는 달리 현우는 늘 같은 자리에서 태라를 묵묵히 지켜봐 주었다. 때로는 무심한 듯 보이기조차 하는 현우의 변함없는 태도가 태라는 너무 믿음직스러웠다. 현우는 절대 자신을 떠나지 않고 항상 자신만 바라봐 줄 것이라고 확신했다. '버려질까 봐' 불안하고 두려워하는 태라의 무의식이 이끄는 대로 현우를 배우자로 선택한 것이다.

엄마에게 다가갈 수 없었던 현우

　이러한 모성 박탈의 경험은 엄마와 아기가 같은 공간에 있을 때조차도 가능하다. 엄마가 옆에 있어도 산후 우울증으로 아기를 제대로 돌볼 수 없는 경우, 아기는 부분 박탈을 경험하여 엄마와 건강한 애착을 형성하기 어렵다. 엄마가 정서적 결핍이나 건강상의 문제로 아기의 필요를 채워주지 못하는 경우도 부분 박탈을 경험하기는 마찬가지다. 엄마가 아기의 신호를 무시하고 돌봄을 제공하지 않으면 아기는 서서히 눈 맞추기를 거부하고 엄마와 관계 맺고자 하는 시도 자체를 포기한다.

　실제로 MRI를 통한 뇌 촬영 결과, 이러한 아기는 감정을 느끼는 부위인 변연계(불안, 애착, 분노, 기쁨과 같은 기본적인 감정을 관장하는 뇌)가 정상아보다 위축되어 있음을 알 수 있다. 이들은 다른 사람들과 관계를 맺고 즐기는 능력이 현저하게 떨어진다고 보고된다. 따뜻한 표정과 몸짓, 스킨십으로 주고받는 엄마와의 비언어적 의사소통이 부족한 아기는 정서를 주관하는 두뇌의 회로가 충분히 발달하지 못한 탓이다.

　어린 시절 현우의 경우가 그랬다. 현우는 부모로부터 제대로 된 정서적 돌봄을 받지 못했다. 엄마는 집에 계셨지만, 항상 무언가로 분주했기 때문에 함께 있어도 현우에게는 없는 사람과 같았다. 가까이 하기에는 너무 먼 엄마라는 존재가 현우에게는 늘 그립고, 만지고 싶고, 다가가고 싶은 대상이었다.

어쩌다 현우가 엄마를 찾으면 "엄마 지금 바쁜 거 안 보이니? 도대체 왜 또 귀찮게 하는 건데?"라는 매몰찬 꾸지람만 돌아왔다. 현우는 시간이 지나면서 자연스럽게 엄마 찾기를 포기했다. 엄마는 그저 멀리서 바라만 볼 수 있는 타인과 같은 존재였다. **'관계 고독'**이라는 마음의 구멍은 그때부터 현우의 마음 한쪽에 흠집을 내었다.

이러한 엄마와의 관계 경험으로 인해 어린 현우의 마음에 '나는 원치 않는 존재'라는 왜곡된 자아상이 자리 잡았다. 현우는 또래 친구들과의 놀이에도 끼지 못하고 늘 혼자였다. 친구들도 엄마처럼 현우를 귀찮아 하며 밀어낼까 봐 겁이 났기 때문이다. 현우는 자라면서 다른 사람에게 기대하지 않고 스스로 자신을 돌보는 법을 터득하게 되었다.

공부도 알아서 열심히 해야 했고 직장에서도 어떻게든 자신의 앞가림을 해야 했다. 어려움에 처해도 어느 누구도 도와줄 사람이 없다고 믿었던 현우는 오로지 믿고 의지할 사람이라고는 자신밖에 없었다. 끝없이 펼쳐진 망망대해에서 외로운 돛단배처럼 표류하는 자신을 챙기고 보듬어야 했다.

태라와 결혼을 앞두고 현우는 이러한 두려움에 잠시 불안해하며 흔들렸다. '엄마가 나를 귀찮아하며 밀어낸 것처럼 태라도 사랑이 식으면 언젠가는 내게서 돌아설까?' 현우는 자신에게 되물었다. 관계에서 경험한 좌절로부터 스스로를 지키기 위해 혼자이기를 선택했던 현우가 누군가 신경 쓰이면 늘 하던 질문이었다.

하지만 태라는 야멸치게 자신을 밀어내던 어머니와는 분명 달랐다. 무뚝뚝한 자신의 기분을 살피며 애교 섞인 태도로 분위기를 편안하게 리드해가는 태라는 참으로 사랑스러웠다. 어머니에게 한 번도 받아

보지 못한 관심과 돌봄을 태라에게 받으면서 현우는 지금까지 버텨온 자신이 너무나 대견스러웠다. 외로웠던 시간만큼 커져 버린 '관계 고독'이라는 마음의 구멍이 앞으로 태라로 인해 꽉 채워질 것을 생각하니 현우는 가슴이 쿵쾅거렸다. 참으로 오랜만에 찾아온 사람에 대한 벅찬 기대감으로 현우는 낯선 행복감에 젖어 들었다.

완전 박탈을 경험한 유진

유진이 태어날 무렵 엄마는 이미 조현병을 앓고 계셨다. 산후 우울증까지 겹쳐 증상이 더욱 심해지자 유진이 백일도 되지 않아 엄마는 정신병원에 입원했다. 유진은 애착이 형성되기도 전, 주 양육자인 엄마를 상실한 완전 박탈의 외상을 겪게 된 것이다. 아버지는 곧 새엄마를 맞아들였지만 유진에게 새엄마는 안전하게 기댈 수 있는 애착 대상이 아니었다. 오히려 새엄마의 학대로 인하여 유진의 정서적 고통은 가중되었다.

아버지 역시 엄마의 빈자리를 대신해 주지 못했다. 새엄마의 눈치를 보며 어린 유진에게 제대로 눈길 한번 주지 못했고 안아 주지도 못했다. 배다른 남동생들이 연년생으로 태어나자 유진은 없어지면 좋을 성가신 존재처럼 취급당하며 늘 눈치를 살피며 지내야 했다. 당연히 마음으로 의지하고 애착을 형성할 만한 대상은 그 어디에도 없었다. 동네 아이들까지 자신을 괴롭히자 유진은 점점 사람들이 무섭고 두려워 피해 다녔다. 유진의 마음에 **'관계 공포'**라는 구멍이 크게 자리 잡게 된 것이다.

'관계 공포'로 인해 유진은 사람을 피해 다녔지만 외로운 만큼 사랑받고 싶은 갈망은 더 커져 갔다. 그럴 때마다 유진은 누군가를 자신의 인생에 끌어들여 이상화하며 굶주린 관계 욕구를 채우려 했다. 고등학교 때 처음으로 짝사랑했던 교생 선생님이 그러한 대상이었고, 지금은 그를 닮은 현우가 유진의 관계 그물망에 걸려든 것이다. 하지만 상대방이 유진의 마음대로 따라주지 않을 때는 자해를 통해 그 사람을 위협하며 통제하려 들었다.

출생 초기부터 양육자와의 애착을 형성해보지 못한 완전 박탈을 경험한 사람들은 유진의 경우처럼 상태가 더욱 심각하다. 자신이 누구인지 정체성마저 혼란스러워한다. 박탈의 정도가 심할수록 정서뿐 아니라 인지, 행동 면에서도 광범위한 손상을 유발하기 때문이다. 태어날 때부터 자원이 부족한 이들은 타인과 관계를 맺고 서로 도우며 사랑하는 능력에 영구적인 손상을 가져올 수 있다.

애착의 시작점

이렇게 개인의 성격 형성과 타인과의 관계 맺기에 깊이 연관된 애착 형성은 언제부터 시작될까? 애착은 엄마의 태내에서부터 시작된다고 볼 수 있다. 아기는 탯줄을 통해 영양분을 공급 받을 뿐만 아니라 엄마의 생각과 감정, 몸의 움직임을 공유하면서 엄마와 애착을 형성한다. 이렇게 엄마와 동체(同體)로 열 달을 지내다가 세상으로 나오면서 아기는 엄마와의 첫 분리를 경험하게 되면 엄청난 불안을 느낀다.

애착의 중요성이 밝혀지면서 아기가 태어나면 바로 신생아실에 옮기기 전에 불안해진 아기를 잠시 엄마 옆에 둔다. 그동안 익숙하게 경험해 온 엄마의 심장 소리, 체온, 체취를 통해 아기는 안정감을 느끼게 된다. 자신을 돌봐줄 엄마라는 존재로 인해 아기는 낯선 세상을 마주할 힘을 얻는다.

애착을 형성하는 4가지 특성

'신은 모든 곳에 있을 수 없기에 어머니를 만들었다'라는 유대격언처럼 세상에 갓 태어난 아기에게 첫 애착 대상인 부모는 생명의 창조자인 조물주의 역할을 감당하게 된다. 아기는 이러한 애착 대상인 부모와 가까이에서 안정감을 누리며 조금씩 세상에 대해 배워간다.

아기는 부모와 애착을 형성하게 되면 '근접성 추구', '분리 시 저항'이라는 애착 행동을 보이고, 부모가 '안식처'와 '안전기지' 역할을 해줄 것을 기대한다. 애착을 형성하기 위한 4가지 특성을 애착 대상과의 상호작용을 통해 하나씩 살펴보자.

근접성 추구(proximity seeking)

배가 고프거나 몸이 불편할 때 아기는 울기, 매달리기, 눈으로 따라가기 등과 같은 애착 행동을 보인다. 기분이 좋을 때 아기는 엄마에게 미소를 짓는다. 안전과 돌봄을 제공하는 애착 대상인 엄마의 관심을 끌어 자신과 가까이 있게 하기 위한 근접성 추구의 행동이다. 이러한 애착 행동은 스스로를 돌볼 수 없는 아기의 생존에 꼭 필요하기에 진화론적 행동 체계로 볼 수 있다.

양육자에게 다가가고자 하는 아기의 근접성 추구 행동에 대한 엄마의 반응은 아기의 행동 발달과 엄마와의 관계성에 커다란 영향을 미친다. 아기가 울 때 엄마가 민감하게 반응해 달래주면 아기는 자신의 신호에 즉각 반응하는 엄마에 대한 믿음으로 인해 기다릴 수 있는 여유가 생겨 덜 울게 된다. 하지만 엄마가 바로 응해주지 않으면 엄마의 반응을 유도하기 위해 아기는 더 보채고 예민하게 군다.

분리 시 저항(protest in separation)

주 양육자와 분리 시 저항하는 애착 행동을 보인다. 애착 대상인 엄마와 떨어지게 되면 아기는 불안해져서 칭얼거리거나 울면서 엄마를 찾는다. 엄마가 돌아와 애착 대상과의 근접성이 확보되면 엄마를 찾는 애착 행동은 자연스럽게 감소하고 다시 편안한 상태로 돌아간다.

그러나 엄마와 장기간 떨어질 때 아기는 울면서 '**저항**(protest)'하다가 기다려도 엄마가 돌아오지 않으면 '**절망**(despair)'한다. 나중엔 아예 엄마를 포기한 듯 '**냉담**(detachment)'한 상태로 전환되어 새로운 환경과 새로운 애착 대상에게 관심을 보인다.

이러한 분리 시의 '저항 — 절망 — 냉담(거리두기)'의 과정은 아직 엄마와 떨어질 준비가 되어 있지 않은 아이가 너무 이른 나이에 보육원에 맡겨질 때 나타나는 순서이기도 하다. 처음에는 먹는 것도 거부하고 울면서 엄마를 찾다가 시간이 지나면서 점차 보육원 친구들과 어울리기 시작한다. 울며 떼를 쓰던 아이가 더 이상 떼쓰지 않으면 이젠 적응했다고 생각하지만, 아이는 이미 저항과 절망의 단계를 거쳐 체념한 상태에 이른 것이라 말할 수 있다.

안식처(safe haven)

애착 대상은 아기가 위기에 처했을 때 위로받을 수 있는 안식처로 기능한다. 아기가 놀랐을 때 엄마가 그 마음을 알아차려 "우리 아가, 많이 놀랐구나. 엄마랑 같이 있으니까 괜찮아."라고 다독거려준다. 아직 제대로 표현할 수 없는 자신의 기분을 엄마가 대신 알아주고 달래주면 아기는 안정감을 느끼면서 차츰 자신의 감정을 조율하는 법을 배우게 된다.

위로하는 엄마의 모습이 점차 아기의 마음에 새겨지면, 힘들 때 엄마가 옆에 없어도 엄마가 자신에게 했던 행동과 말을 흉내 내며 스스로 위로할 줄 알게 된다. 친구가 넘어져 다쳤을 때도 다가가 위로해주며 그 아픔에 공감하는 아이로 자라게 된다. 다른 사람에게 지나치게 의존하거나 동화되지 않으면서 관심을 보이고 다가갈 수 있는 친화력이 발달한다.

하지만 애착 대상이 안식처로서 기능을 하지 못했을 때 아이는 정서적으로 불안정하고 친구와의 관계에서도 쉽게 좌절하는 경향성을 보인다. 자신을 위로하는 법은 누군가에게 진정한 위로를 받았을 때 배우게 되고, 그런 사람만이 다른 사람의 아픔에도 공감할 수 있게 된다.

안전기지(secure base)

애착 대상은 아기가 마음 놓고 주변을 탐색하도록 돕는 안전기지로 기능한다. 안정애착을 형성한 아기는 엄마를 위협과 두려운 상황에서 언제든지 되돌아갈 수 있는 안전기지로 여기고 주변을 자유롭게 탐색하며 호기심을 채운다. 애착 대상인 부모가 믿을만하고 안전하게 의지할 수 있는 존재라면 아기의 탐색 능력은 강화된다.

놀이터에 엄마와 놀러 나온 아이들을 관찰해보면 안전기지로서의 엄마의 역할을 바로 알 수 있다. 아이는 놀다가 가끔 엄마 있는 쪽을 바라보며 엄마의 존재 여부를 확인한다. 엄마가 보이는 한, 별로 불안해하지 않고 놀이에 빠져드는 모습을 보게 된다. 그러다 지치면 안전기지인 엄마에게 돌아와 재충전하고 다시 놀이터로 돌아간다.

산행할 때 중간에 쉬어가며 에너지를 보충하는 베이스캠프가 없다면 목표 정상에 오르기 쉽지 않은 것처럼, 아이에게 애착 대상이라는 안전기지가 없다면 건강한 발달을 이루기 어렵다. 두려움 없이 미지의 세계를 탐구하고, 주저 없이 새로운 경험에 도전하며, 눈앞에 놓인 문제를 차분히 해결할 수 있는 자신감은 아이 내면 속 안전기지의 견고성 여부에 달려있다.

안전기지가 되어 주지 못했던 현우와 태라의 부모

현우에게 아버지, 어머니는 모두 안전한 애착 대상이 아니었다. 위로가 필요할 때 기댈 수 있는 안식처가 아니었고, 놀랐을 때 달려가 안기거나 뺨을 부비며 지친 마음을 달랠 수 있는 안전기지 역할도 해주지 못했다. 현우의 부모에게는 세상에서의 성공을 보장하는 돈이 가장 중요했다.

경제적으로 여유가 있어야 아이들도 잘 키울 수 있다고 생각했고 그래서 늘 일에만 매달렸다. 자연스레 아이들은 뒷전이었다. 그들은 어린 현우가 엄마, 아빠의 관심을 받고자 용기를 내어 시도했던 우스꽝스러운 표정이나 몸짓을 바보 같다는 말 한마디로 일축했다. 넘어져 다친 현우가 목청껏 울어도 위로는커녕 사내 녀석이 그깟 일로 운다고 되레 핀잔만 주는 사람들이었다.

이래도 저래도 부모의 사랑과 관심을 받지 못했던 현우는 더 이상 부모에게 어떠한 기대도 하지 않게 되었다. 그렇게 형성된 관계성은 추후 다른 사람과의 관계에도 투영되어 현우는 누군가에게 기대하는 것도, 기대를 받는 것도 부담스러웠다. 현우는 혼자가 가장 편하다는 사실을 어린 시절부터 몸으로 체득해갔다.

태라 역시 어려서부터 엄마와의 분리를 경험했기에 그로 인한 마음의 상처가 깊었다. 첫 기억은 여섯 살 때의 일이었지만, 태라가 기억조차 하지 못하는 유아기에 이미 몇 차례나 경험했던 일이었기에 더 큰 공포로 다가왔을 것이다.

엄마의 심장병이 자기 잘못이 아니라는 것을 이해할 수 없었던 태라는 엄마가 사라진 게 다 자신 탓만 같았다. 엄마가 떠난 빈자리를 바라볼 때마다 '내가 좀 더 말을 잘 들었더라면 엄마가 아프지 않았을 텐데'라는 생각이 늘 맴돌았다. 증상이 심해지면 엄마는 태라조차 버거워했고, 그로 인해 태라는 자신이 위로받고 싶은 순간까지 숨기며 엄마의 상태를 살펴야 했다. 안식처로서의 엄마의 품은 항상 저 멀리에 있었다.

병원 입원으로 인한 엄마의 잦은 부재 역시 안전기지로서의 애착 대상 역할을 방해했다. 태라는 엄마와 함께 놀이터에 나갈 때도 마음껏 놀지 못했다. 엄마가 그 자리에 있는지 확인하느라 늘 마음이 불안해 놀이에 집중할 수가 없었다. 미끄럼을 타고 내려올 때 미끄럼틀 뒤에 서 있던 엄마가 태라 눈앞에 보이지 않으면 엉덩방아 찧는 소리와 함께 태라의 마음도 순간 '쿵' 하고 내려앉았다.

태라는 어릴 때부터 유난히 또래 친구들보다 엄마와 떨어지는 것을 무척이나 힘들어했다. 그렇게 좋아하던 발레 수업도 엄마가 등을 떠밀어야 겨우 들어갈 수 있었다. 자신을 등지고 멀어지는 엄마의 뒷모습을 바라볼 때마다 왠지 모를 불안감이 온몸을 감싸며 가슴이 조여오곤 했기 때문이다.

아이가 건강하게 자라기 위해서는 힘들 때 엄마에게 안겨 위안을 받고 정서적으로 충전되는 **'애착 시스템'**과 엄마를 안전기지로 삼아 세상을 탐험하는 **'탐색 시스템'**이 균형을 이루어야 한다. 하지만 태라와 현우는 애착 시스템이 안정되지 못했기 때문에 탐색 시스템 역시 활발하게 작동되지 못했다.

부모의 양육 형태에 따른 애착유형

　　애착은 생애 초기에 주 양육자인 부모와의 관계 경험으로부터 형성된다. 어릴 적 부모와의 관계 경험으로 형성되는 애착유형은 크게 안정애착과 불안정애착으로 나눌 수 있다. 불안정애착은 다시 불안−양가 애착, 불안−회피 애착, 혼란 애착 세 가지 유형으로 분류되는데 이 책에서는 유형의 특성을 강조하기 위해 불안−양가 애착은 **불안형**으로, 불안−회피 애착은 **회피형**으로 줄여 표기했다. 주영, 태라와 현우, 그리고 유진은 어떤 애착유형에 속하는지 살펴보자.

안정형, 주영

　　주영의 첫 기억은 엄마 오빠와 함께 버스 정류장에서 가슴 설레며 아빠를 기다렸던 일이다. 개인 사업을 하다 뒤늦게 신학 공부를 시작하신 아빠가 집에 돌아오실 시간에 맞춰 온 가족이 마중을 나가곤 했다. 주영은 그 순간을 다음과 같이 추억했다.

　　"아빠는 항상 우리가 좋아하는 빵이나 과자, 과일 같은 걸 사 오셨어요. 아빠가 돌아오실 때면 오늘은 무얼 사서 가지고 오실까, 너무 기대됐어요. 빨리 오시면 좋겠다는 마음으로 정류장에서 아빠를 기다렸어요."

　　하루를 마친 아버지를 기쁘게, 사랑으로 맞이하는 화목한 가족의 모습이 한 장의 사진처럼 주영의 기억 속에 선명히 남아있다.

　　주영은 자라면서 부모님이 싸우는 모습을 한 번도 본 적이 없다고 회상한다.

　　"가끔 일 때문에 힘들어 보이시기도 했지만, 저희와 함께 있을 때만큼은 부모님은 너무 행복해하셨어요. 그런 부모님 밑에서 오빠와 저도 행복하고 즐거운 유년 시절을 보낸 것 같아요."

　　주영은 늘 따뜻하고 자애로운 엄마의 모습을 지켜보며 자랐다. 가장 행복한 기억은 초등학교에 들어갈 때까지 엄마가 자신을 꼭 안아서 재워주었던 일이다. 힘들 때마다 그 기억을 떠올리는 것만으로도 주영은 마음이 따뜻해지고 기운이 났다. 엄마는 바쁜 중에도 하루 한 시간 정도는 시간을 내어 주영의 이야기를 관심 있게 들어 주셨다. 때로는 엄마의 경험을 나누어 주시기도 하고, 안 좋은 일이 생겼을 때는 위로와 응원의 말을 해주셨다.

엄마에게 보고 배운 대로 주영도 친구들의 이야기를 관심 있게 들어주고 공감해주었다. 주영의 주변으로 친구들이 모이게 되었고 친구들과 함께 즐거운 학창 시절을 보냈다. 고민이 많던 시기에 친구들과의 안정감 있는 관계가 주영에게 많은 힘이 되었다. 결핍이 없으니 주영의 마음에 패인 곳도 없고, 당연히 상처에 휘둘리는 삶도 아니었다.

스쳐 가는 만남에서도 사람에 대한 신뢰가 관계를 주도했다. 주영은 대개 상대방에게 먼저 손을 내밀었고, 서로에게 힘이 되고 기댈 수 있는 편안한 관계를 유지할 수 있도록 배려했다. 자신의 감정을 솔직하게 표현하는 편이지만 너무 지나쳐 상대방이 부담을 갖게 하지도 않았다. 주영에게는 살아가면서 사람들과의 관계가 무엇보다 커다란 자원이 되었다.

안정애착(secure attachment)

민감하고 공감적인 부모의 돌봄을 받아 관계가 안정적이고 신뢰의 마음을 지닌 유형

애착은 생애 초기에 주 양육자인 부모와의 관계 경험으로부터 형성된다. 갓 태어난 아기는 생존하기 위해 본능적으로 자기를 돌봐주고 보호해줄 부모에게 의지한다. 배가 고플 만하면 따뜻한 젖이 물려있고, 끈끈해서 불편해지면 부드러운 손길이 기저귀를 갈아준다. 이처럼 부모가 아기의 신호에 민감하고 따뜻하게 반응하면 아기는 부모를 신뢰하게 된다. 그 신뢰를 바탕으로 아기는 부모와 안정애착을 형성한다. '**나는 사랑받는 존재**'라는 높은 자존감을 갖게 된다.

아직 자신의 감정을 알지 못하거나 알아도 제대로 표현하지 못하는 아기의 마음을 민감한 부모는 그 표정과 몸짓만으로 알아차린다. 그 마음을 읽어 표현해주는 부모로 인해 아기는 자신의 감정을 수용하고 솔직하게 표현하는 법을 배우게 된다. 타인의 감정에도 민감하게 반응할 줄 알게 된다. 부모의 따뜻하고 민감한 반응이 아기의 공감 능력을 키운 결과다.

부모로부터 충분한 사랑과 관심을 받아 안정애착을 이룬 사람들은 자신의 감정을 잘 조절하고 문제에 맞닥뜨려도 회피하지 않고 효율적으로 해결한다. 정서적 자원이 풍부해 다른 사람들과의 관계에서도 수용적인 태도를 보이고, 자신에 대한 믿음이 있어서 도전 의식과 인내심도 높다. 힘들 때 자신의 고통을 표현하며 주변의 도움을 받아들이고, 반대로 다른 사람이 어려움에 부닥쳐 도움을 요청하면 적극적으로 도와준다.

불안형, 태라

태라의 엄마는 출산 후유증으로 심장에 무리가 와 장기 입원과 퇴원을 반복하며 병원과 집을 오가곤 했다.

"외할머니가 집에 오시면 외할머니가 사 오신 장난감에 내가 정신이 팔려 있는 사이, 엄마는 어느새 말도 없이 슬그머니 사라지셨어요. 아, 그때의 버려진 것만 같던 공포와 두려움이란……. 외할머니는 다정다감하시고 제게 헌신적인 분이셨지만 외할머니가 오시면 어김없이 엄마가 사라진다는 사실에 나는 외할머니에게 화를 내며 엄마를 다시 데려오라고 떼를 쓰곤 했어요."

태라는 세상이 끝나버린 듯한 절망감 속에서 사라진 엄마에 대한 원망과 그리움에 한참을 울었던 어린 시절을 아픈 상처로 기억한다.

태라가 초등학교에 들어간 이후로는 엄마의 건강이 회복되어 늘 옆에 계셨지만 태라의 불안은 쉽사리 사라지지 않았다. 학교에서 돌아왔을 때 엄마가 보이지 않으면 태라는 사색이 되어 엄마를 찾았다. 엄마에게 혹시 또 무슨 나쁜 일이 생기지는 않았나 하는 걱정, 그래서 어릴 때처럼 엄마가 사라지지는 않을까 하는 불안이었다.

아침에 자신이 별일도 아닌데 투정을 부려서 엄마가 아픈 것은 아닌지 후회가 밀려오기도 했다. 그러다 엄마가 외출에서 돌아오시면 안심이 되면서도 놀란 마음에 "나 학교에서 돌아올 시간인데, 말도 없이 어딜 갔다 왔어!"라고 엄마에게 화를 내곤 했다.

태라는 엄마의 사랑과 관심을 받기 위해 공부도 열심히 했다. 하지만 엄마가 조금만 자신에게 관심을 보이지 않으면 엄마가 자신을 더 이상 사랑하지 않는 것 같고 또 자신을 떠날까 봐 불안했다. 그럴 때면 괜히 몸이 아픈 것 같고 기분도 나빠져 엄마에게 짜증을 냈다. 때로는 거짓말까지 보태 몸 이곳저곳이 아프다고 하소연을 했다. 엄마가 놀라 걱정하며 옆에서 돌봐주면 그제야 불안이 줄어들고 아픈 것도 사라졌다. 엄마의 사랑과 관심을 확인하고 나면 기분이 좋아지면서 거짓말을 한 죄책감도 잊게 되었다.

이렇게 엄마를 지키며 어린 시절을 보낸 태라는 가장 예민한 시기인 사춘기를 지나면서 관계 불안은 더욱 심해졌다. 학교에서 항상 친구들과 선생님의 눈치를 살피며 인정받으려고 지나치게 노력했다. 그 덕분에 착하고 배려심이 많다는 칭찬을 종종 듣기도 했지만, 노력의 대가가 바로 돌아오지 않을 때는 왠지 마음이 불편해지면서 태라의 오래된 친구인 불안이 다시 고개를 삐죽이 내밀었다. 때로는 그 불안이 짜증이나 화로 표출되곤 했다.

태라는 친구들에게 문자나 메일을 보내고 나서 바로 답장이 오지 않으면 왠지 초조했다. 그들에게 무슨 일이 생겼는지, 아니면 자신이 싫어진 것인지 여러 가지 생각들로 마음이 복잡해졌다. 상대적으로 조금 편한 친구를 통해 다른 친구들의 근황을 살펴보면서 혹시 그들만의 모임에서 자신만 소외당한 것은 아닌지 확인하곤 했다. 이 친구 저 친구에게 연락해보고도 돌아오는 반응이 신통치 않으면 그들의 무관심과 소외가 얼마나 자신을 힘들게 하는지 SNS에 올려놓고 버림받은 외로움과 배신감을 토로했다. 기대했던 위로를 받지 못한 경우에는 차라리 죽고 싶다는 몹쓸 생각에 빠져들곤 했다.

불안애착(anxious attachment)

비일관적인 부모의 양육 방식으로 인한 불안으로 보채고 우는 애착 행동을 과잉 활성화하는 유형

자녀를 불안형으로 만드는 가장 큰 특징은 양육자의 비일관적인 태도다. 양육자가 자신의 기분에 따라 변화무쌍하게 반응하는 경우 아기는 부모의 반응을 예측할 수 없어 불안해진다. 아기는 눈치를 보며 부모에게 더욱 매달리는 아이로 자란다. 자신에게 언제 반응해 줄지 모르기 때문에 애착 행동을 과잉 활성화해 엄마의 관심을 받으려고 노력한다. 엄마의 기분에 따라 자신의 기분이 결정된다는 것을 배워온 탓에 성장하면서도 주변 사람들의 표정에 민감하고 그들의 인정을 받기 위해 노력하는 경향성이 크다.

태라의 경우처럼 엄마의 잦은 입원으로 양육자의 부재가 반복되면 아이는 극심한 불안을 경험하게 된다. 그 상황을 이해할 수 없는 아이는 엄마의 잦은 부재로 인해 엄마라는 존재에 대해 과도하게 집착하게 된다. 또한 양육자가 정서적으로 취약하거나 육체적으로 허약해 부모로서 역할을 할 수 없게 되면, 아이가 엄마를 돌보는 '역할 전도(role reversal)' 현상이 나타나게 되어 아이의 불안이 높아진다. 심한 잔소리와 지나친 간섭, 또는 죄책감을 유발하는 부모의 태도도 자녀를 불안형으로 만드는 요인이다.

부모와의 관계에서 형성된 불안은 훗날 친구와의 관계에서도 발현

된다. 친해지고 싶은 친구가 있어도 언제 나에게서 돌아설지 몰라 망설이다가 어느 정도 가까워지면 항상 붙어 다니며 모든 것을 공유하기를 원한다. **'사랑하는 대상이 나를 버리고 떠나버리는 것'**에 대한 불안이 상대방에게 집착하게 만들고, 그로 인하여 관계를 불편하게 이끈다.

불안형은 성장하면서 겉으로는 밝고 자신감 넘쳐 보이지만 우울과 불안, 의존의 모습이 늘 따라다닌다. 자신의 장점보다는 약점에 집중하는 내적 소외로 인해 '괜찮은 누군가'를 통해 '괜찮지 않은 나'의 존재감을 채우겠다는 생각에 타인에게 집착하고 매달린다. 쉽게 관계를 맺지

만, 자신의 집착 때문에 결국 자신이 염려하던 '버림받음'을 현실로 만든다. 이들은 자신의 감정을 과장되게 표현함으로써 상대방을 조정하는 히스테리나 연극성 성격 장애로 발전할 가능성이 크다.

회피형 현우

　현우는 항상 혼자였다. 유치원에서도 다른 아이들은 끼리끼리 모여 노는데 현우는 물 빠진 분수대에서 혼자 바닥에 무언가를 끼적거리곤 했다. 친구들과 선생님이 놀이터에서 같이 놀자고 부르면 고개를 한번 들어 그들을 바라봤다가 다시 자기만의 세계로 빠져들었다.

　초등학교 때 집으로 돌아오는 길에도 삼삼오오 짝을 지어 귀가하는 친구들과는 달리 현우는 혼자 집에 오곤 했다. 아이들이 집으로 돌아오는 길목에서 가방을 내려놓고 모여 놀고 있으면 현우는 저만큼쯤 떨어져 혼자 놀았다. 현우는 학급 친구들인데도 그들이 낯설고 편치 않았다. 그는 혼자만의 공간이 가장 편하다는 것을 너무 어린 나이에 알게 된 것이다.

　현우의 부모님은 늘 바빴기에 아이들은 스스로 제 일들을 알아서 해야 했다. 방학 때는 외가에 보내지기도 했으나 평소에는 딱히 부모 역할을 대신해 줄 수 있는 사람도, 놀아줄 사람도 없었다. 위로 형과 누나가 있었지만, 현우는 나이 차이가 제법 나는 그들의 놀이에 쉽게 끼어들지 못하고 혼자 시간을 보냈다. 항상 심심했던 현우는 엄마 아빠가 돌아오기만을 기다렸지만, 밤이 늦어서야 귀가한 엄마 아빠는 너무 지치고 피곤해 현우에게 눈길조차 주기 힘들었다.

어쩌다 일찍 귀가하시거나 주말이 되면, 폭풍 같은 잔소리로 이런 저런 지시를 내리며 삼 남매를 닦달했다. 현우에게 부모란 존재는 집에 없으면 그 빈자리가 그립고, 집에 있으면 너무 부담스럽고 두려운 존재였다. 현우는 점점 더 엄마 아빠에게 향하는 자신의 마음을 억누르며 혼자 시간을 보내는 법을 깨우쳐 갔다. 그와 동시에 마음에 차오르는 외로움도 커졌지만 '사람은 어차피 혼자고, 이 정도 홀로서기는 성인이 되는 과정이야'라고 제법 시니컬하게 자신을 설득할 줄도 알게 되었다.

아직 부모의 손길이 필요한 나이인데도 현우가 초등학교 고학년에 들어서자 이제 아이들이 어느 정도 컸다고 생각한 현우의 부모는 지방 현장으로 내려가셨다. 주로 그곳에서 지내며 빈 시간이 생길 때만 올라와 자녀들을 살피는 생활 방식을 선택했다. 형과 누나는 고등학생이라 오후 늦게 돌아왔기에 아직 초등학생이었던 현우는 오전 수업을 마치고 나면 빈집에 혼자 들어가는 게 가장 싫었다.

"학교 끝나면 아무도 없는 빈집에 혼자 문을 따고 들어가는 게 무서워요."

현우가 엄마 아빠에게 그런 내색을 비추기라도 하면 "다 큰 사내 녀석이 뭐가 무섭다고 그래, 형 누나도 금방 오는데"라는 꾸지람만 돌아왔다.

무서움을 피하려고 현우는 TV를 크게 틀어놓거나 게임을 하며 시간을 보냈다. TV와 게임은 두려움에 떠는 현우를 위로해주는 친구가 되었다. 늘 외롭게 혼자 지낸 현우는 점점 더 사람들에게 다가가기가 어려웠다. 그들의 언어가 낯설었고 그들의 생각과 감정에 쉬이 공감하기도 힘들었다. 그럴수록 현우는 게임 속으로, 깊은 공상의 세계로 빠져들어 갔다. 마음대로 뭐든지 할 수 있는 자신만의 세상 속으로의 도피를 선택한 것이다. 현우의 마음 가운데 관계 고독은 점점 더 깊이 뿌리를 내렸다.

회피애착(avoidant attachment)

냉정하고 거부적인 부모로 인한 좌절을 피하려고 애착 행동을 비활성화하는 유형

회피형의 부모들은 무표정하고 냉정한 편이다. 아이와의 신체 접촉도 부담스럽게 여기며 아이의 감정에도 잘 공감하지 못한다. 자녀에게 무심하고 방임하는 편이지만, 예의범절이나 학교 성적처럼 부모 자신이 원하는 기준에 있어서는 대단히 엄격하고 통제적이다. 필요한 사랑과 관심이 부모로부터 채워지지 않을 때 경험하는 좌절로부터 자신을 보호하기 위해 아이는 부모와의 관계를 회피하거나 차단하는 패턴을 보인다.

회피형들은 어려서부터 사람을 피하거나 마치 그들이 존재하지 않는다는 듯이 무시하고 '**혼자 있는 것**'을 선호한다. 학교에 들어가서도 무표정하고 친구와 말을 섞는 일도 적기 때문에 선생님이나 친구들로부터 차갑다는 평가를 받아 더욱 친밀감을 형성하기가 어렵다. 자신의 감정과 욕구를 억압하고 차단했기 때문에 타인의 감정에도 공감하지 못하고 그들의 필요에도 민감하게 반응하지 못한다.

부모와의 관계에서 거절을 경험한 회피형은 타인에 대한 기대치가 낮다. 누군가의 도움이 필요한 상황에서 오히려 애착 행동을 비활성화시킨다. 다른 사람을 신뢰하지 못하다 보니 자신에 대해 잘 오픈하지 않는다. 누군가에게 자신의 마음을 표현하거나 도움을 요청하는 것이 어려운 이들은 문제를 방치해서 더 심각한 상황을 만들기도 한다. 상대방이 너무 가까워지려 하면 불편해하며 거리를 두거나 숨어버리는 회피형은 성장하면서 강박성, 자기애성, 분열성 성격장애로 이어질 수 있다.

혼란형, 유진

　아픈 친엄마로 인해 태어나면서부터 제대로 돌봄을 받지 못한 유진에게 새엄마는 그리 좋은 애착 대상이 아니었다. 자신이 낳은 자식과의 차별 대우도 심했고, 유진이 하지도 않은 일을 유진의 탓으로 돌려 아버지에게 억울하게 혼나게 만들기도 했다. 설상가상으로 남동생들은 유진을 괴롭히는 재미로 사는 것인 양 틈만 나면 유진을 못살게 굴었다. 커서는 성추행도 서슴지 않았다.

　이렇게 가족들을 향한 억울함과 분노, 두려움, 원망의 감정이 쌓여가며 하루하루가 지옥 같았다. 어린 유진은 학교에 가기만 하면 잠시라도 짓궂은 남동생들과 떨어져 있을 수 있다는 기대와 좋은 선생님, 좋은 친구들과 함께 생활할 수 있을 거라는 희망에 부풀어 입학을 손꼽아 기다렸다. 하지만 기대와 다르게 유진이 학교에서 느끼는 감정은 집에서와 별반 다르지 않았다.

　친구들은 옷차림도 허름하고 준비물도 제대로 챙겨오지 못하는 유진을 그림자 취급하며 놀이에 끼워주지 않았다. 유진의 뒤에는 언제나 수군거림이 따라붙었다.

　"쟤네 엄마는 새엄마래. 친엄마는 미쳤고 아빠는 술주정뱅이에…. 저 집은 하루도 조용할 날이 없다고 우리 엄마가 그랬어."

"맞아, 동네에서 유명하대. 우리 엄마도 쟤랑은 놀지 말랬다."

친엄마의 정신병이 자기 잘못도 아니고 가족을 선택해 태어나는 것도 아닌데, 가족이라는 존재가 유진에게 큰 수치가 되었다.

친구들에게도 다가갈 수 없게 되자 유진은 아무도 의지할 사람이 없다는 사실에 절망했고, 사람과 세상이 무서워졌다. 관계 공포라는 마음의 구멍이 더욱 커져갔다. 친구들에게조차 받아들여지지 않는 자신의 존재가 무가치하게 느껴졌고, 이대로 우울의 나락에 떨어지면 친엄마의 정신병이 자신에게도 찾아올 것 같아 두려웠다.

사춘기에 접어들자 유진의 감정은 더욱 요동쳤다. 불안과 두려움 속에 며칠 밤을 지새우고 나면 온통 세상이 잿빛으로 보이며 사는 게 허무해졌다. 세상에 홀로 버려진 듯한 절망감, 끝이 보이지 않는 공허함과 우울감에 어느 날 유진은 칼로 자기 손목을 그었다. 금속성의 칼날이 살을 파고드는 순간의 짜릿한 통증과 손목을 타고 흐르는 선홍색 피를 보며 아직 자신이 살아있다는 사실에 유진은 오히려 희열과 안도감을 느꼈다. 불안이 잦아들고 주변이 조금 선명해졌다.

유진은 자신의 존재감이 희미해지고 자신의 정체성에 대해 혼란스러워질수록 자해를 통해 마음의 고통을 해소하고 격해진 감정을 조절했다. 유진이 감당하기 어려운 상황이 닥치면 타인에 대한 분노와 자신에 대한 모멸감에 자해함으로써 자신을 벌주고 주변 사람들을 통제하려 했다.

혼란 애착(disorganized attachment)

학대적인 부모에게 다가가지도 도망가지도 못하는 혼란된 애착 행동을 보이는 유형

혼란 애착은 부모로부터 심한 신체적, 정서적, 성적인 학대를 당했을 때 나타난다. 이들 부모는 해결하지 못한 외상적 경험, 물질남용, 정신질환 등으로 인해 사회 부적응자로 살아가는 경우가 많다. 아이를 보호하고 지켜주어야 할 대상인 부모가 오히려 위협의 주체가 되어 아이를 공포와 두려움 속에 몰아넣으면 아이는 부모에게 다가가지도 도망가지도 못하는 혼란에 빠진다. '접근'과 '회피'라는 상충된 충동 속에 갇힌 아이는 **감정적으로는 불안에 휩싸이고, 행동적으로는 회피 성향을 보인다.**

또한 어릴 적 감당하기 힘든 상실 또는 사고 같은 트라우마를 경험했을 경우 혼란형의 패턴이 나타나기도 한다. 어린 나이에 극복하기 어려운 일을 겪게 되면 아이는 무섭고 두려운 마음에 자신을 현실로부터 분리해 해리(disassociation)된다. 트라우마로부터 회복되지 못하면 그 기억을 억압한 채 자신만의 판타지에 빠져 전혀 다른 세상에서 다른 사람인 것처럼 가장하며 살아간다.

어린 시절 혼란 애착을 형성한 사람은 그 관계 공포로 인해 훗날 관계 맺기를 갈망하지만, 거절당할까 봐, 학대당할까 봐 두려워 다가가지 못한다. 관계적 상처로 인해 세상 밖으로 나가지 못하고 자신을 어둠 속에 가둬놓는다. 하지만 지독한 외로움의 한계치를 넘어서면 섣불리 의지할 대상을 찾다가 결국 또 상처받고 무너진다. 타인에게는 적대적이고 자기 자신은 무가치한 존재로 여기는 이들은 성인이 되어 조현병이나 경계선 성격장애와 같은 정신 병리로 고통을 경험하게 될 가능성이 크다.

CHAPTER
03

타인과의 관계를 규정하는 **성인 애착**

마음의 렌즈

어린 시절 부모와의 관계 경험은 자신도 모르는 사이에 우리의 무의식에 축적된다. 특히 부정적인 경험들은 아무리 작은 트라우마라도 반복되면 큰 트라우마와 같은 부작용을 낳는다. 성장하면서 그러한 부정적인 경험들은 마음의 렌즈에 점점 더 자신만의 색을 덧입히며 어느 순간 선명한 빛깔을 뿜어낸다. 자신과 타인, 세상을 바라보는 마음의 렌즈가 씌워지니 일상의 사건과 주변 사람들과의 만남 역시 그 렌즈의 프리즘에 의해 걸러진다.

주영이 바라보는 세상은 밝고 투명했다. 7가지 무지개색처럼 다양한, 새로운 사람들과의 만남은 늘 기대로 설레었다. 배려와 신뢰 가운데 서로에게 배우며 성장해가는 자신과 타인의 모습에 감사했다. 때로는 관계로 인해 상처받더라도 주영은 실망하지 않고 그 관계를 돌아봄으로써 의미를 찾고자 했다.

태라가 마주한 세상에서는 사람들과의 관계가 자신이 원하는 만큼 가까워지지 않거나 멀어지면 늘 빨간색 렌즈가 점멸되며 불안을 가중시켰다. '버림받음에 대한 두려움'이란 마음의 구멍이 그 정체를 드러내면 모든 상황을 부정적으로 해석하고 자신을 비난하며 자책했다. 관계로 인해 충만하고 감사할 수 있는 긍정적인 부분은 어느새 사라지고 상대방이 떠날까 전전긍긍하며 '관계 불안'이라는 늪으로 서서히 빠져들어 갔다.

현우의 내면에서는 '세상은 안전하지 않다'라는 위험 경고를 알리는 노란색 렌즈가 자주 점멸되었다. '관계 고독'을 선택하게 만든 '친밀함에 대한 두려움'이란 마음의 구멍은 사랑조차 위험한 것이라고 속삭였다. 그럴 때마다 이 세상에서 자신만이 믿을 수 있는 유일한 위로자이고 구원자임을 마음에 새기고 또 되새겼다.

유진은 뿌연 잿빛 렌즈를 통해 세상을 바라보았다. 늘 음울하고 공허했다. '버림받음과 친밀함에 대한 두려움'이란 '관계 공포'가 사랑하고 싶은 사람들에게 다가서지 못하도록 막아서며 대신 어두운 삶을 선택하도록 몰아갔다. 또 하나의 숨기고 싶은 비밀이 더해질 때마다 유진의 마음의 구멍은 점점 깊어져 심연의 바닥을 향해 치달았다.

부모 애착의 연장선, 성인 애착

성인 애착의 특성

성인 애착(adult attachment)이란 현재 성인이 된 자신과 관계 맺고 있는 친구, 동료, 연인과 같은 가까운 사람들에게 어린 시절 부모와의 관계 경험을 근간으로 형성된 내적 표상을 투사하며 관계하는 패턴을 의미한다.

애착이론의 창시자 볼비는 애착이 영유아의 발달 단계에서만 관찰되는 일시적인 행동 체계가 아니라 한 개인의 인생 전반에 걸쳐 나타나는 현상이라고 보았다. 즉, 애착은 아기의 생존에만 필요한 것이 아니라 성장하는 과정 중에, 또한 성인이 되어서도 안정적이고 행복한 삶을 영위하기 위해 필수적인 요소다.

이처럼 한 인간의 웰빙(well-being)에 중요한 애착은 일단 부모와의 초기 관계 경험을 통하여 형성되면 아동기, 청소년기를 거쳐 성인이 되어서도 개인의 인지, 정서, 행동에 영향을 미친다. 어린 시절에 애착 경험을 통해 형성된 자기 이미지와 타인 이미지는 성장하면서 사람들과의 관계에서 자신의 역할과 타인에 대한 기대를 만들어내기 때문이다.

성장하면서 만나게 되는 의미 있는 사람들과의 관계인 성인 애착은 부모 애착과 동일한 요소를 지니고 있지만 몇 가지 차이점이 있다. 사랑하는 사람과 가까이 있고자 하는 욕구와 분리 또는 상실 시에 느끼는 슬픔과 좌절, 애착 대상과의 재결합 시에 보이는 기쁨이나 안도하는 마음은 부모 애착에서 보이는 '근접성 추구'나 '분리 시 저항'이라는 애착 행동과 유사하다. 애착 대상인 사랑하는 사람을 '안식처'로 여겨 안정과 위로를 얻고, 그들을 '안전기지'로 활용하여 자신감을 가지고 일상에 도전하는 모습에서 성인 애착 대상 역시 부모 애착 대상의 역할을 수행한다는 것을 알 수 있다.

그러나 친구나 동료 간의 친밀감이 아닌 남녀 간의 낭만적 사랑에 기초한 성인 애착은 '안식처'와 '안전기지'의 역할 외에도 성적(sexual) 요소가 내포되어 있다. '근접성 추구'에 있어서도 성인 애착은 물리적(physical)인 면보다는 심리적(psychological)인 측면이 더 강조된다. 같은 공간에 함께 있지 않아도 그 존재를 떠올리는 것만으로도 안정감을 느끼고 위로를 받는다. 또한, 부모-자녀 관계처럼 부모가 자녀를 돌보는 일방적(one-way)인 관계가 아닌 서로 돌봄을 주고받는 호혜적(reciprocal)인 관계라는 점이 차이가 있다.

나의 성인 애착유형은?

다음 세 문장 중 자신을 가장 잘 표현하는 문장은 무엇인지 선택해 보세요.

A. 나는 비교적 사람들과 쉽게 친해진다. 사람들에게 의지하는 것이 편하고 다른 사람들 역시 나에게 편하게 의지한다. 상대방에게 버림받을까 불안해하거나 너무 가까워질까 두려워하지 않는다.

B. 사람들은 내가 원하는 만큼 가까워지려 하지 않는 것 같다. 연인이 나를 진짜로 사랑하지 않거나 떠날까 봐 자주 걱정이 된다. 난 그 사람과 하나가 된 느낌을 받고 싶은데 이러한 욕망 때문에 그 사람이 나에게서 멀어지기도 한다.

C. 나는 사람들과 너무 가까워지는 것이 불편하다. 누군가를 완전히 신뢰하거나 의지하는 것이 어렵다. 상대방이 너무 가까이 다가오면 신경이 쓰인다. 지금껏 만났던 연인들도 내가 원하는 것보다 과도한 친밀감을 요구해 부담스러웠다.

A: 안정형,   B: 불안형,   C: 회피형

* 성인 애착을 연구했던 하잔과 셰이버(Hazan & Shaver)가 [사랑과 일 Love and Work, 1987]이란 논문에 사용할 설문조사를 위해 만든 문장이다.

내적 표상에 의해 구분되는 4가지 성인 애착유형

어린 시절 자신에 대한 이미지인 자기 표상과 상대방에 대한 이미지인 타인 표상으로 구축된 내적 표상은 성인이 되어서도 관계 패턴을 주도하며 타인과의 관계에 그대로 활성화된다. 내적 표상에 관해 연구했던 바돌로매와 호르비츠(Bartholomew & Horowitz)는 긍정적 또는 부정적인 자기 표상 및 타인 표상을 조합하여 성인 애착유형을 안정형, 불안형, 회피형, 혼란형으로 구분했다.

안정형은 "I am ok, and you are ok"라는 자신과 타인에 대하여 긍정적인 내적 표상을 지니고 있다. 그래서 안정형들은 다른 사람들이 어려움을 겪을 때 기꺼이 도움을 주고 자신 역시 타인의 도움을 받으며 더불어 살아가는 건강한 상호 의존 관계를 형성한다. 그래서 이들은 혼자 있어도 편하고 다른 사람과 같이 있어도 편안하다.

불안형은 "I am not ok, but you are ok"라는 타인에 대해서는 긍정적인 내적 표상을 지녔지만, 자기 표상은 부정적인 유형이다. 따라서 타인의 인정과 관심을 받음으로써 자신의 가치를 느끼고자 한다. 그래서 타인과의 친밀감을 지나치게 갈망하고 관계에 몰두한다. 이들은 타인과 같이 있으면 편안하고 혼자 있으면 왠지 불안하다.

**회피형은 "I am ok, but you are not ok"라는 자신에 대해서는 비

교적 긍정적이지만 타인에 대해서는 부정적인 내적 표상을 지니고 있다. 그렇기에 타인에게 도움을 청하기보다는 알아서 해결하고 자신을 책임지는 독립 자존형으로 살아간다. 불안형과 반대로 혼자 있으면 편안하고 타인과 같이 있으면 불편하다.

"I'm not ok, and you are not ok"인 혼란형은 자신과 타인에 대한 내적 표상이 모두 부정적이라서 타인으로부터 친밀감을 원하지만, 거절의 두려움 때문에 선뜻 다가가지 못하는 유형이다. 자신에 대한 믿음도 부족하고 타인에 대한 신뢰도 없으므로 세상이 두렵다고 느낀다. 이들은 혼자 있어도 불안하고 타인과 같이 있어도 불편하다.

관계는 춤을 추듯이

자기 표상과 타인 표상은 개인의 다양한 관계 경험으로부터 형성되기 때문에 누구도 위의 네 가지 유형 중 어느 한 유형에만 속한다고 말하기는 어렵다. 정도의 차이는 있지만 한 개인의 애착유형은 환경과 대상에 따라 다르게 나타날 수 있다. 그러므로 환경이 변화하면 애착유형도 변화될 수 있고, 또한 대상에 따라 다른 애착유형이 나타나기도 한다.

예를 들어 평소에 자기 표상과 타인 표상이 긍정적인 안정형도, 상대방이 지나치게 자주 연락하거나 부담을 느낄 정도로 자신의 모든 것을 꺼내 보이며 다가오면 조금 거리를 두며 떨어지고자 하는 회피 성향을 보이기도 한다. 그런데 반대로 친해지고 싶은 대상이 자신에게 일정한 거리를 두거나 자신만의 공간을 고집하면 좀 더 알고 싶고 가까이 다가가고 싶어 하는 집착 성향이 나타나기도 한다.

즉, 관계는 두 사람이 손을 맞잡고 춤을 추는 것과 같이 적절한 거리 유지가 필요하다. 리드하는 상대방이 뒤로 스텝을 밟으면 자신은 앞으로 다가가게 되고 반대로 상대방이 앞으로 밀고 다가오면 살포시 뒤로 물러나는 스텝을 밟게 되는 것처럼 자연스러운 현상으로 볼 수 있다.

따라서 살아가면서 네 가지 유형 중 자신에게 상대적으로 가장 많이 나타나는 관계 유형을 자신의 애착유형으로 보는 것이 맞다. 때로는 자기 자신보다 자신을 자주 지켜본 주변 사람들이 자신의 애착유형에 대해 더 잘 알고 있을 수도 있다. 특히 불안정한 애착유형일수록 자신의 진짜 모습에 대해 잘 알지 못하기 때문에 본인이 자신을 바라보는 모습과 평소 자신을 알고 있는 사람들의 평가가 다를 수 있다.

자신의 감정에 솔직한 주영

어려서부터 부모와 안정 애착을 형성했던 주영은 성장하면서도 주변 사람들과 줄곧 편안한 관계를 유지해 왔다. 주영은 좋은 성격 탓에 대학 시절 여학생들과의 관계도 무난했고, 남학생들에게도 인기가 많았다. 경영대 특성상 주로 남학생이 많아 여학생을 떠받들던 분위기에서 학교에 다녔지만, 내숭을 떨며 공주 대접을 원하지도 않았고 궂은일도 마다하지 않는 시원시원한 성격 덕분에 모두들 주영을 곁에 두고 싶어 했다.

주영이 주임 시절, 인턴사원으로 들어온 지금의 남편 세원을 처음 만났을 때도 그녀는 공평하고 사려 깊은 멋진 선배였다. 인턴인 세원에게도 회사 프로젝트에 참여할 기회를 주며 회사 선배로서 도울 수 있는 일들을 언제든지 도왔다.

주영은 세원과 서로의 마음을 확인한 후 연애 기간 내내 편안한 관계를 유지했다. 세 살 연하라는 나이 차이도, 편모슬하에 가정 형편이 넉넉지 않은 세원의 상황도 그들의 관계가 깊어지는 것을 막지 못했다. 세원에게 느끼는 호감을 일부러 숨기려 하지 않으며 세원의 장점을 세워 주고 격려하는 주영으로 인하여 세원도 용기를 내며 관계를 이어 갈 수 있었다.

데이트 약속을 정할 때도 자존심 세워가며 밀당을 하지 않았다. 세원의 형편과 자신의 일정을 고려해 편안하게 조율했다. 데이트 때 일부러 늦거나 화나는 상황을 만들어 세원의 마음을 떠보며 저울질하지도 않았다. 자신보다 늦게 사회에 발을 디딘 세원을 격려하고 배려했다. 주영 자신도 세원의 지지를 통해 위로받았다.

몇 차례의 만남을 통해 서로에게 확신을 갖게 되자 주영은 친구들에게 세원을 소개하기도 하고 그녀 역시 세원의 지인들과 격의 없이 어울리곤 했다. 서로의 지인들과의 만남을 통해 상대에 대해 알아가는 것이 오히려 두 사람의 관계를 돈독히 해주었다. 상대방 감정을 존중하며 시간을 가지고 대화를 통해 서로를 알아갔다.

다정하고 편안하며 늘 한결같은 안정형

어릴 적 부모로부터 충분한 사랑과 돌봄을 받아 **안정애착을 형성한 사람은 자신의 일상을 안정감 있게 유지하며 주변 사람들과도 친밀한 관계를 형성한다.** 이들은 자기 자신에 대한 믿음이 있고 다른 사람들도 신뢰할 수 있기에 서로 돕고 의지하는 상호의존적 태도를 보인다.

살면서 예상치 못한 어려운 일에 부딪히게 되어도 쉽게 낙심하지 않는다. 자신과 타인의 한계와 연약함을 받아들이는 공감 능력과 좌절에 대한 인내심을 지니고 있기 때문이다.

이들은 자연스럽게 연인과 따뜻하고 편안한 관계를 맺는다. 서로 밀당을 하지 않아도 연인이 자신에게 매력을 느끼지 못해 멀어질 것이라는 걱정을 하지 않는다. 상대방의 감정과 욕구에도 적절히 반응하며 연인과 가까워지는 것에 대해 지나치게 두려워하지 않는다. 갈등이 생길 때도 대화를 통해 문제를 건설적인 방향으로 해결하려 하므로 관계에서 높은 만족도를 보인다. 이들은 열정적인 에로스 사랑과 이기적이지 않고 헌신적인 아가페 사랑의 형태를 추구한다.

버림받을까 봐 불안한 태라

어릴 적 엄마와 떨어져 있어야 했던 경험 때문에 항상 불안했던 태라는 커서도 습관처럼 엄마의 존재를 확인했다. 전화를 걸어 엄마가 바로 받지 않으면 불길한 생각들이 떠올라 더 이상 어떤 일에도 집중할 수 없었다. 엄마의 건강에 대해 과도하게 불안해하고 염려하는 태라의 모습은 옆에서 바라보기에도 안타까울 정도였다. 태라는 엄마의 건강에 대한 걱정보다도 엄마가 사라지는 순간 자신이 홀로 버려지는 두려움을 견딜 수 없었다.

태라는 다른 사람과의 관계에서도 불안이 주된 정서를 이루었다. 그러한 불안에 대한 반동 형성(reaction formation, 자신이 수용할 수 없는 충동을 정반대로 표현하는 방어기제)으로 태라는 늘 쾌활하고 자신감 넘쳐 보였다. 태라는 주어진 자리에서 나름 최선의 노력을 다했지만, 남들처럼 성공을 위한 몸부림은 아니었다. 어릴 때 엄마에게 관심받기 위해 열심히 공부했던 것처럼 이젠 주변 사람들로부터 인정받고 싶은 욕구의 발동이었다.

하지만 겉으로 보이는 에너지 넘치고 승승장구하는 모습과는 달리 상대방의 평가와 시선에 예민하여 늘 긴장했던 태라다. 직장에서의 작은 실수에도 지나치게 마음을 쓰며 자책했다. 소개팅할 때도 상대가 자신을 싫어하면 어떡하나 걱정하며 과도하게 신경을 쓰다 보니 정작 중요한 부분은 놓치곤 했다. 반갑지 않은 불청객처럼 따라다니는 관계 불안이 태라를 몰아간 탓이다.

대학 시절에도 이상형의 남학생이 태라에게 관심을 보이면 애써 그에게 관심이 없는 척했다. 자신의 진짜 모습을 알게 되면 금세 떠날 것 같은 불안감에 훈남의 데이트 신청을 거절하고, 결국 연애 상대로 선택한 대상은 자신을 절대 떠나지 못할 것 같은 찌질한 남자였다.

그렇게 사귄 남자친구가 자신에게 조금이라도 무관심해 보이거나 문자에 바로 답을 하지 않으면 안절부절못하며 온 정신이 그쪽으로만 쏠렸다.

"오늘은 무슨 일이 있었기에 문자에 바로 답을 못했는지 설명해! 전화기는 왜 꺼져 있었어?"라며 남자친구를 닦달하곤 했다. 밤새 전화통을 붙잡고 사과해라, 진정성 있는 사과를 해라, 이런 일이 재발하지 않을 거라고 약속해라. 새벽까지 잠을 재우지 않고 통화를 이어가다가 남자친구가 먼저 전화를 끊을라치면 마음이 변했다며 죽어 버리겠다는 위협도 서슴지 않았다.

'내가 저 같은 것을 만나주는 게 어딘데 감히 나를 거부해? 어떻게 나를 떠날 생각을 해!'

태라는 순간이지만 버려짐에 대한 분노와 배신감에 몸서리쳤다.

관계가 위태로워지면 남자친구가 자신에게 이별을 통보하기 전에 자신이 먼저 헤어지자고 선언하며 새로운 남자를 소개받기 위해 친구들에게 여기저기 소개팅을 부탁했다. 버림받고 혼자 남겨진 외로움만큼은 절대 견딜 수 없었기에!

하지만 정든 연인에서 새로운 사람으로 갈아타는 그녀의 마음은 너무도 허허롭고 자기 몸 한 부분이 칼에 베인 듯 아려왔다. 그녀는 다 람쥐 쳇바퀴 돌듯 반복되는 관계의 악순환에서 벗어나고 싶었지만, 자 신의 마음인데도 자신의 마음대로 안 되는 게 속상하고 우울했다.

연인이 떠날까 두려워 관계에 집착하는 불안형

불안형은 자신의 기분에 따라 행동하는 부모의 일관되지 못한 양 육 태도로 인해 조금이라도 상황이 모호해지면 쉽게 불안해진다. 민감 하고 예민한 이들은 사소한 일로도 종종 짜증을 내거나 우울해진다. 이 렇듯 갈등 상황에 취약하므로 늘 주변 사람들의 눈치를 살핀다. 자존감 이 낮아 타인의 인정을 지나치게 추구하며 그들의 평가를 통해 자신의 존재감을 확인한다. 의지할 만한 누군가와 함께 할 때나마 불안을 잠재 울 수 있어 늘 사람들과 같이 있고자 한다.

자기 표상이 부정적인 불안형은 자신이 사랑받지 못할 거라는 불 안 때문에 연애 사건에 항상 촉을 세운다. 늘 사랑에 빠지고 싶다는 이 유 하나만으로 맹목적으로 누군가를 만나지만 정작 그 사람이 자신에 게 적합한 사람인지는 따져 보지 않는다. 이 사람 역시 자신에게 상처 를 줄 수 있다는 생각은 저만큼 던져두고, 현재 혼자 있음에 대한 불안 과 초라함만을 크게 느껴 나중에 후회할, 섣부른 선택을 감행한다.

막상 데이트를 시작해도 연인이 떠날까 두려워 강박적으로 관계에 집착한다. 상대방의 기분과 행동에 예민해져 관계에만 집착하느라 정신 적 에너지를 소비하면서 점점 자신을 잃어간다. 또한 자기 노출과 애정 표현이 망설임 없이 자유로운 불안형은 연인이 자신이 원하는 만큼 애 정 표현을 하지 않으면 자주 토라지곤 한다. 화려한 이벤트가 자신에 대한 사랑의 강도와 직결된다고 여긴다.

질투나 불안과 같은 부정적인 정서가 높아서 연인으로부터 어떤 반응을 끌어내기 위해 공감과 지지보다는, 분노와 고통의 감정을 유발하는 전략을 선택하여 결국 후회할 일을 만든다. 이처럼 감정 기복이 심한 불안형은 자주 사랑에 빠지지만, 감정이 식으면 쉽게 다른 대상으로 옮겨가기 때문에 진실한 사랑을 찾기가 어렵다.

이들은 집착이 강한 소유－의존적 사랑과 극단적인 자기희생을 요구하는 헌신적 사랑의 형태를 보이는 경향성이 높다. 그러나 연인이 자신에게 민감하고 충분히 사랑을 표현하여 안정감을 주면 집착에서 점차 벗어나 안정적이고 편안한 관계를 유지하기도 한다.

사람과의 만남이 두려운 현우

현우는 어릴 적부터 혼자 보내는 시간이 많았다. 홀로 방치된 시간만큼이나 자생력이 강했던 현우는 자신을 스스로 돌보며 살아왔기에 누군가의 간섭을 받는 것을 가장 힘들어했다. 설혹 그 누군가가 부모일지라도. 그래서 학교생활에는 별 흥미를 느끼지 못했지만, 학교 성적만큼은 어떻게든 상위권으로 유지했다. 엄마 아빠가 만족할 만한 성적을 내야 폭풍 같은 잔소리에서 벗어나 자기만의 동굴에서 은신할 수 있었기 때문이다.

실력과 운이 따라주어 명문대에 무난히 합격한 현우는 막상 그렇게 원하던 대학생이 되고 나니 갑자기 주어진 자유가 낯설고, 마치 외딴 곳에서 방향 감각을 잃은 듯 혼란스러웠다. 이제 더 이상 부모님의 간섭도 받지 않고 모든 것을 내 마음대로 할 수 있을 것 같았던 대학 생활은 현우가 막연히 꿈꿔온 신세계만은 아니었다.

고등학교 때까지는 학교와 집만 오가며 공부만 하면 됐는데, 대학생이 되니 갑자기 하룻밤 사이에 어른이 된 듯, 자신이 모든 것을 고민하고 결정해야 했다. 첫 학기 강의 스케줄을 짜고 등록하는 순간부터 등에서 식은땀이 났다. 워낙 선배에게 살갑게 다가가 조언을 구하는 타입도 아니고, 친구들에게도 곁을 주지 않았던 현우는 어떤 강의를 선택하고 어떤 동호회에 가입해야 할지 막막했다.

익숙한 홀로서기인데도 이건 또 다른 도전이었다. 남들은 물 만난 물고기마냥 활기차고 즐거워 보이는 대학 생활이 현우에게는 그렇게 순탄하지 않았다. 낯선 무인도에 떨어져 생존을 위해 어떻게든 혼자 헤집고 살아내야 할 것 같은 불안과 두려움이 몰려왔다. 학생들로 빼곡한 넓은 캠퍼스 안에서 본인만이 덩그러니 혼자 남겨진 존재라고 생각했다. 마치 풍요 속의 빈곤처럼 관계 고독이라는 마음의 구멍이 아우성을 쳤다.

첫 학기 한 달은 출석 일수보다 강의를 빼먹는 날이 더 많았다. 학교 앞 하숙집에서 늦잠을 자다 깨면 오후 늦게까지 빈둥거리다 저녁에는 게임방에서 시간을 보냈다. 학교와 집만 오가던 모범생이었던 현우는 이렇게 백수처럼 한 달쯤 지내다 보니 어느 날 정신이 뻔쩍 들었다. 이 대학에 들어오느라 보낸 힘들었던 시간을 돌아보며 이렇게 마침표를 찍을 수는 없다는 생각에 우선 출석을 목표로 삼았다.

아침 강의 시간에 맞춰 놓은 알람 소리에 겨우 일어나 세수만 하고 잠이 덜 깬 상태로 수업에 참석했다. 마치 따사로운 봄볕에 한껏 물오르는 푸르름처럼 생명력 넘치는 신입생의 활기찬 모습을 현우에게서는 찾아볼 수 없었다. 오히려 모든 게 낯설기만 한 이방인 같은 모습으로 강의실 한쪽 구석에 모자를 눌러 쓰고 쭈그러져 있었다. 조금씩 적응하게 되면서 그룹 토의에도 참석했다. 그러면서 처음으로 말을 트게 된 과 친구의 권유로 산악회라는 동호회에도 가입했다.

주로 토론하며 자기 생각을 펼쳐내는 동호회와는 달리 묵묵히 산만 타면 되는 산악회가 말이 없는 현우에게는 안성맞춤이었다. 산행 후 모임에도 현우는 될 수 있으면 눈에 띄지 않는 구석으로 자리를 잡고 조용히 술잔을 기울이며 다른 이들의 오가는 인사에 그만의 특유의 미소로 답하였다.

하지만 현우는 몰랐다. 자신이 동호회 여학우들에게 선망의 대상이었다는 사실을. 현우에게 관심을 보이며 다가서는 그녀들의 애틋한 눈빛이나 은밀한 몸짓을 그는 전혀 읽어내지 못했다. 유진의 존재 역시 현우에게는 희미했다. 유진에게 관심을 보였던 몇몇 친구들이 가끔 그녀의 이름을 거론했다는 기억이 스쳐 갈 뿐 한 번도 유진을 자신과 결부시켜 생각해 보지 못했다. 하지만 지금 돌이켜 보면 술자리에서 자신을 바라보던 유진의 강렬한 눈빛이 언뜻 기억의 잔상에 남아 있는 듯했다.

조금씩 대학 생활에 적응해 가면서 현우는 친구들에게 이끌려 간간이 소개팅 자리에도 나갔다. 다행히 현우의 첫인상은 여학생들에게 호감을 주는 듯했다. 신비스러울 정도로 말을 아끼고, 진지한 듯하면서도 시크한 현우의 표정이 그녀들의 호기심을 자극한 탓일까? 하지만 누군가를 만나 조금 가까워지는 듯하면 어느 순간 현우는 연락을 끊고 잠수를 탔다. 그러기를 몇 번 반복하다 보면 지쳐버린 상대방이 자연스레 먼저 헤어지자는 말을 건넸다. 현우의 연애는 늘 이런 식이었다.

현우는 졸업 후 대기업에 취업한 뒤 업무 성과도 좋아 승진도 빨랐다. 그러나 직장 내 대인관계는 매끄럽지 않아 항상 외톨이였다. 팀장과의 관계나 신입 직원들과의 관계 역시 껄끄러워 회식 자리에도 형식적으로 잠시 들렀다가 일찍 자리를 나서기 일쑤였다. 마치 일 중독자처럼 밤낮으로 회사 일에 매달리다가 시간이 나면 주로 혼자 영화를 보거나 게임을 즐겼다.

현우는 서른이 넘도록 이성에게 별 관심이 없는 듯 보였지만 현우의 마음은 늘 자신만의 이상형을 기다리고 있었다. 그의 결핍을 채워줄 완벽한 그녀를. 해마다 올해를 넘기기 전에 꼭 결혼해야 한다는 부모님의 성화에 못 이겨 몇 번 소개를 받았지만, 워낙 낯을 가리다 보니 그런 자리가 어색하고 영 껄끄러웠다.

어렵게 소개 자리가 마련되어도 단 한 번의 만남으로 상대방이 자신과 맞지 않는 이유를 꼭 집어 찾아내는 현우의 능력에 대해 주변 사람들뿐 아니라 현우 자신도 스스로 놀라웠다. 때로는 상대방의 조건이 자신에 비해 너무 좋아서 만날 수 없다는 거절의 이유를 갖다 대기도 했다. 현우는 맞선 자리에서 자신이 상품화되는 것도 못마땅했고 부모님께 등 떠밀려 결혼이라는 족쇄를 차게 되는 것도 내심 싫었다.

결혼 적령기를 넘어서면서 결혼을 전제로 한 만남인지라 진지함을 기대하고 나오는 상대방이 부담스러웠다. 최소한의 예의를 갖추어 형식적인 데이트를 하고 돌아오면 마음도 지치고 허무해져 자신도 모르게 포르노에 빠져들곤 했다. 포르노에 익숙해진 자기 모습이 때로는 혐오스럽고 초라해 보이기도 했지만, 어색한 데이트보다는 편안하고 위안이 됐다. 불필요한 에너지나 돈을 들이지 않고 자신의 욕구와 스트레스를 쉽게 처리할 수 있어 버려야 할 습관을 끊기란 마음처럼 쉽지 않았다.

연인을 신뢰할 수 없어 일정한 거리를 두는 회피형

회피형은 방임과 무관심으로 일관해온 부모나 지나치게 엄격하고 통제적인 부모 밑에서 자랐기 때문에 관계에 대한 기대치가 낮다. 부모의 거절로부터 느꼈던 좌절을 피하고자 타인에 대한 기대를 내려놓거나 상처받지 않을 만큼의 적절한 거리를 둔다. 자신의 일은 스스로 잘 처리하는 편이지만, 자신이 감당하기 어려운 상황이나 관계는 외면하거나 회피하려는 경향성을 보인다. 그럴 때는 불현듯 자신만의 동굴 속에 은둔한다.

타인 표상이 부정적인 회피형은 다른 사람이 자신에게 위로가 되고 오랜 시간을 함께할 것이라는 기대치가 낮다. 타인을 신뢰하지 못하기 때문에 자신의 이야기를 잘 하지 않는 이들은 연인 관계조차 경계한다. 자신의 독립성이 가장 중요한 이들은 너무 가까워지면 불편하니까 연인과도 자신의 공간을 침범하지 않는 적당한 거리를 유지한다.

회피형은 불안형과는 달리 연애할 때 상대방에게 집착하지 않고 거절당할까 걱정하며 신경을 곤두세우지도 않는다. 오히려 친밀감을 잘 표현하지 않기 때문에 상대방으로부터 서운하다는 말을 종종 듣는다. 이들의 무의식은 연인과 언제라도 멀어질 수 있게 상대방에게 확신을 주는 말은 피하고 모호한 태도를 보인다. 시간이 갈수록 친밀한 관계를 기대하는 연인에 대해 부담을 느끼며 멀어진다.

회피형은 정서적인 문제는 억압하거나 부인하는 식으로 대처해 왔기 때문에 연애할 때도 사랑한다는 말을 아끼고, 부정적인 감정 표현을 최소화하여 갈등을 조절하려 한다. 연인과 의견 충돌이 생겨도 대화로 해결하지 않고 무시하다가 어느 순간 눌러 놓은 감정이 한꺼번에 터져 나오며 폭발한다.

이들은 비현실적으로 이상적인 연애를 꿈꾸는 탓에 상대방을 종종 평가절하하기도 한다. 그래야 자신이 불편해질 때 관계를 정리할 수 있으니까! 거리를 두는 만큼 연인과의 관계에서도 안정과 위로를 느끼지 못하는 회피형은 안정된 삶을 위해 일에 매달리거나 위로받기 위해 사람 대신 책이나 게임과 같은 대체물을 찾는다. 이들은 연인에 대한 헌신도가 낮은 놀이적 사랑이나 자신의 경계를 주장하며 일정한 거리를 두는 제한적 사랑의 형태를 보이는 경향성이 높다.

세상에 선뜻 발을 내딛지 못하는 유진

유진은 출생 초기에 경험한 주 양육자인 엄마의 상실을 온몸으로 기억하고 있는 듯했다. 친엄마에 대한 기억은 전혀 없지만 버려짐의 기억은 세포마다 새겨져 그 아픔을 토해내고 있었다. 아무도 자신을 사랑해 줄 것 같지 않은 세상에서 자신의 존재감을 찾기란 쉽지 않았다. 그 존재감이 희미해질 때마다 유진은 살아있음을 느끼기 위해 자기 몸에 상처를 내면서까지 애써 발버둥쳤다.

아버지의 무관심과 새엄마의 학대도 오히려 견딜 만했던 것 같다. 배다른 남동생들의 몹쓸 짓에 비하면 말이다. 어릴 때부터 유진을 괴롭히는 재미로 사는 것 같아 보였던 그들은 중학생이 되면서 밤만 되면 유진의 방을 밤도둑처럼 슬그머니 찾아들었다. 잠든 유진을 더듬고, 은밀한 부위까지 손을 뻗쳤다. 깜짝 놀라 잠에 깨어 소리를 지르면 바로 내빼기 일쑤였다. 저런 짐승들과 한 지붕 아래에서 가족으로 지내야 한다는 사실이 너무 끔찍하고 무서웠다.

그들의 성추행은 한동안 계속되었다. 밤에 불을 끄고 잠들 수가 없었다. 안에서 방문을 잠그면 자기 엄마한테 열쇠를 받아다가 열고 들어왔다. 게다가 이상한 소문을 퍼뜨려 전혀 모르는 남자애들이 한 번 같이 자자는 쪽지를 주면서 치근댔다. 당시 유진의 나이 겨우 열다섯 살이었다.

징그럽고 끔찍해서 하루에도 몇 번씩이나 집을 뛰쳐나가 만화방에서 시간을 보냈다. 그때부터 유진은 유진 나름대로의 현실 도피법을 배웠다. 아버지가 욕을 하면 '나는 사실 재벌가에서 태어난 외동딸인데 어쩌다 여기로 버려진 거다. 1년 후면 나를 태우러 화려한 승용차랑 기사가 온다……'는 식의 상상을 하면서 죽고 싶은 현실을 버텨냈다.

집으로부터 도망치고 싶었지만, 세상 어디에도 갈 곳이 없고 의지할 만한 사람이 아무도 없다는 사실이 유진의 발목을 잡았다. 외롭고 힘든 상황에서 이러지도 저러지도 못하는 자신이 안쓰러워 훌쩍거리면 계집애가 재수 없이 운다고 아버지가 욕했고, 무표정으로 있으면 독한 년이라고 새엄마가 욕했다. 돌아보면 그런 상황에서 버텨낸 자신이 한없이 안쓰럽고 한편으론 대견했다.

유진에게 다가온 따사로운 햇살

자해와 학대, 성적 대상화에 익숙하다 못해 절여진 하루하루를 견뎌내던 유진에게 인생의 전환점이 찾아왔다. 남학생들의 괴롭힘에 질린 유진은 집에서 조금 먼 여고로 진학했고, 그것은 그나마 그녀의 삶을 조금 낫게 만들었다. 어둡고 조용한 유진을 가까이하려는 친구들은 여전히 별로 없었지만 그래도 괴롭히는 남자아이들이 없다는 게 위안이 됐다.

3월이 지나가고 4월이 되자, 학교에 교육 실습생으로 대학생들이 찾아왔다. 얼마 지나지 않아 여고생들에게 수학 과목을 맡은 남자 교생 선생님은 선망의 대상이 되었다. 조용한 성격에 여학생들이 말을 걸 때마다 수줍어하는 표정, 하지만 부드러운 말투와 낮은 목소리 때문에 쉬는 시간마다 여학생들은 안중에도 없었던 수학 교과서와 참고서를 들고 교생실 앞에 줄을 섰다. 그 선생님이 다른 여자 교생 선생님들과 출퇴근하는 모습이라도 볼라치면 여학생들의 눈빛은 질투로 가득 찼다.

유진은 처음에 이런 남자도 있다니, 참 신기하다고 생각했다. 남자라면 늘 술병을 던지고 자신을 때리던 아버지나 음흉하게 자신의 몸을 더듬던 여드름쟁이 남동생들밖에 떠오르지 않는데, 우수에 찬 눈빛으로 아이들이 건네는 인사에 살짝 미소를 지으며 고개를 꾸벅 숙이는 교생 선생님 같은 남자도 있다니…… 유진의 반으로 그 선생님이 수업을 들어온다는 사실을 알았을 때, 유진은 왠지 모르게 기분이 좋아졌다. 그리고 그날, 유진은 수학 시간에 교생 선생님에게 지목을 받아 발표를 하게 됐다.

"황유진?"

"…….

"유진이 없니?"

"아, 저요."

"17번 문제 풀었지? 답이 뭔지 알려줄래?"

"…… 3분의 2요."

"잘했어."

짧은 대화였다. 하지만 '잘했어'라는 세 글자는 그녀가 세상에 태어나 처음 받아본 따뜻한 호의였다. 유진은 처음 느끼는 야릇한 감정으로 마음이 한가득 부풀어 올랐다. 하지만 다른 여학생들처럼 적극적으로 교생실 앞을 기웃거릴 용기는 나지 않아 유진은 화장실을 가는 척하며 괜히 복도를 서성이는 것으로 그치곤 했다. 그러던 어느 날 유진이 아침 교생실 청소 당번을 맡게 됐을 때, 비질을 하던 유진의 등 뒤에서 문이 열렸다. 일찍 출근한, 그 교생 선생님이었다.

"어!"

유진이 뒤를 획 돌아보자 그는 놀란 것이 쑥스러운지 조용히 말했다.

"미안, 있는 줄 몰랐어. 청소 당번이야?"

유진은 입술을 꼭 깨물고 고개를 끄덕였다.

"고마워. 힘들진 않니?"

"아니에요."

유진이 목례를 하고 급히 나가려고 하자,

"잠깐만!"

교생 선생님은 가방을 뒤져 사탕을 한 줌 꺼냈다.

"유진아, 이거. 교생실이 늘 왜 이렇게 깨끗했는지 알겠네. 공부도 열심히 해. 좀 웃고 다니고."

얼결에 유진은 사탕 몇 개를 쥔 채 교생실을 나섰다. 도망치듯 교실로 돌아가 유진은 가빠진 숨을 몰아쉬었다. 아무도 없는 교실에서 거울을 들여다봤을 때, 유진의 얼굴을 조금 상기되어 있었다. 좀, 웃, 고, 다, 니, 고. 이 여섯 글자는 유진을 사랑에 빠진 소녀로 만들기에 충분했다.

유진이 죽기 살기로 공부를 한 것은 그때부터였다. 교생 선생님은 자신의 작은 호의가 그만큼의 파급력을 일으켰다는 것을 물론 몰랐겠지만. 유진은 대학에 들어가기만 하면 저런 남자를 만날 수 있으리라는 막연한 희망의 끈을 붙잡은 것이다. 다정하고 따뜻한 사람. 뺨을 붉게 만들고 가슴을 부풀게 하는 사람. 그 끈을 잡고 유진은 지옥 같았던 3년을 버텼다. 이를 악물어가며 가족을 견디고 가난을 견뎠다.

결국 유진은 사회 배려자 전형으로 명문대에 한 번에 합격할 수 있었다. 그러나 대학에 온 유진은 또 다른 늪에 빠져들었다. 유진의 기억 속에서 하오의 햇살처럼 존재하던 교생 선생님은 대학 캠퍼스에 온 데간데없고, 그녀의 눈에 들어온 것은 삼삼오오 부유하고 똑똑한 아이들끼리 몰려다니는 가운데 혼자만 외톨이가 된 자신뿐이었다. 조별 과제라도 할라치면 그 애들은 '사배자' 유진을 시혜(施惠)적으로 대하거나 업신여기기 일쑤였다. 그렇게 이 악물어가며 노력해 들어 온 대학에서도 유진은 겉돌아야 했다.

또 학비에 대한 부담 역시 만만치 않아 하교 후의 밤샘 아르바이트로 몸도 마음도 점점 지쳐갔다. 유진은 대학을 중퇴하고 집으로 다시 돌아가야 하나 심각하게 고민했다. 하지만 그럴 수 없었다. 간신히 지옥에서 벗어난 지 얼마 되지도 않아 다시 그 불구덩이 속으로 뛰어든다는 것은 상상하기도 싫었으니까.

유진은 결국 휴학을 하고 과외 아르바이트를 구했다. 돈을 모아 복학한 다음에 고시 준비를 하든 취업 준비를 하든 다시 독하게 혼자서라도 살아내야 했다. 다행히 유진을 잘 따르던 학생 덕분에 유진은 한 과목에서 두 과목, 두 과목에서 전 과목을 맡은 입주 가정교사로 지낼 수 있었다. 경제적 어려움도 해결되고 지옥 같은 집에서 빠져나왔다는 사실에 처음 몇 달은 평온했지만, 시간이 지날수록 입주 가정교사로 지내는 것이 녹록지 않았다. 객식구 취급받는 것도 괴로웠지만 가르치는 학생에게 함부로 취급받는다는 사실에 모멸감이 느껴져 채 1년을 버티지 못하고 입주 가정교사를 그만두었다.

그리고 학교에 복학해서 새로운 동아리에 들어갔다. 산악회였다. 몸을 바쁘게 움직이면 그녀를 집어삼키려던 자괴감과 잡생각이 조금이라도 걷어질 것 같아서. 그리고 그곳에서 유진은 과 선배이자 동아리 선배인 현우를 만나게 되었다.

현우는 유진이 대학 신입생이었을 때부터 과 동아리 안에서 퍽 인기 있는 선배였다. 어딘지 모르게 신비롭고, 과묵하지만 가끔 웃을 때 뺨의 보조개가 멋지다고 말하는 여학생들이 꽤 많았다. 쉽게 누군가에게 다가가지도 않고 모두와 조금씩 거리를 두는 현우를 선망하는 여자 후배들이 많았다.

현우는 여고 시절 유진에게 다정하게 대해 주었던 교생 선생님과 어딘지 모르게 닮아 있었다. 말이 없이 수줍게 웃는 모습이, 특히 부드럽지만 낮은 톤의 말투로 이야기하는 현우의 모습이 교생 선생님의 모습과 오버랩 되며 유진을 자극했다.

유진은 학부 시절 현우와 사귀려고 노력하는 여학생 그룹은 아니었지만, 그와 접점을 만들 수 있는 자리에는 빠지지 않았다. 실제로 현우에게 들이댔다가 차인 여자아이들을 보고 그녀는 본능적으로 알았다. 저 선배는 저렇게 해서 가질 수 있는 사람이 아니구나, 라는 것을.

하지만 현우는 몰랐다. 대학생 시절 술자리에서 가끔 이야기를 나누었을 때 그에게서 언뜻언뜻 느낀 따뜻함을 유진은 놓치지 않았고, 심지어 그것을 과대 포장해서 여태까지 기억하고 있었다는 사실을. 현우는 자신도 모르는 사이에 유진의 관계 공포라는 마음의 구멍이 만들어 낸 판타지 속의 살아있는 대상으로 존재하게 된 것이다.

견딜 수 없을 만큼 힘든 현실을 부정하고 싶었던 유진에게 판타지는 금지된 소망을 펼쳐 낼 수 있는 그녀가 유일하게 숨 쉴 수 있는 공간이었다. 판타지가 존재하는 덕분에 유진은 끔찍한 시간을 버텨낼 수 있었던 것이다.

그런 현우를 회사에서 다시 만나게 된 것은 유진에게는 거부할 수 없는 운명 같았다. 자신의 힘든 대학 생활을 버티게 해준 판타지 속의 대상이 자신의 눈앞에 다시 나타난 것이다. 유진에게 현우가 유부남이라는 사실은 별로 문제 되지 않았다. 오히려 좀 더 편하게 접근할 수 있을 것 같아 마음이 놓이고 용기를 주었다. 유진은 늘 현우의 주변을 맴돌며 기회를 엿보았고, 마침내 두 사람은 그렇게 한 공간에서 마주했다.

유진의 도발

현우는 유진과의 그날 일을 떠올리는 것만으로도 맥박이 심하게 뛰는 것을 느꼈다. 온몸이 후끈거리며 메스꺼움이 올라왔다. 태라와 다투고 힘들어할 때 유진은 식사를 하자며 자신에게 다가왔었다. 식당에서 같이 저녁을 먹은 후 잔뜩 취해버린 유진을 먼 거리를 운전해서 바래다주기에는 무리였다. 현우도 긴 하루에 몹시 피곤해 이성적인 판단이 불가능한 상태였던 것이다(유진의 말대로 술이 깰 때까지 잠시 얘기만 하다 나오면 될 거 아닌가 하고 너무 안일하게 생각하고 모텔로 들어갔던 게 실수였다).

"유진아, 일단 다 왔어. 지금 아홉 시니까 열 시에는 나가자. 딱 한 시간만 쉬었다 가는 거야. 알겠지? 술 깨고 얘기하다 가는 거다?"

과거의 시간을 헤매던 유진에게 현우가 말을 걸었다. 유진은 현우를 바라보았다. 드디어 이렇게 둘이 있게 되다니.

"알았어요, 선배."

엘리베이터를 타고 방으로 올라가는 동안 현우는 왠지 어색해 계속 헛기침을 했다. 유진이 갑자기 과거사를 주르륵 쏟아놓으며 울음을 터뜨리는 바람에 수리 맡긴 핸드폰을 찾는 것을 깜빡했다. 태라는 집에 돌아왔을까? 태라 생각을 멈추라고 말하기라도 하듯 땡, 엘리베이터 종이 울렸다. 유진이 객실 열쇠를 가지고 앞장서서 현우를 잡아끌었다. 문이 열리고 유진이 침대 위로 쓰러지듯 누웠다. 현우는 재킷을 옷걸이에 걸고 손을 씻었다.

"양치질 좀 할게. 좀 쉬고 있어."

현우는 그제 하룻밤을 지냈던 곳에 어쩌다 유진과 오게 되었는지 어이가 없어 헛웃음이 나왔다. 그러다 갑자기 이 모든 것이 태라가 자초한 일이라는 생각이 들어 화가 났다. 왜 태라는 나를 가만히 두지 않는 것일까? 왜 내가 원하는 것을 주지 못하면서 끊임없이 무엇인가를 요구하기만 하는 것일까? 아니, 태라가 진짜로 원하는 것은 무엇일까? 태라의 욕구를 어떻게 해야 채울 수 있는 것일까? 꼬리에 꼬리를 무는 의문들은 현우가 아무리 애를 써도 함락되지 않을 난공불락의 성처럼 이어졌다. 현우는 칫솔을 쥔 손에 힘을 주었다. 양치질을 마치고 화장실을 나선 현우는 눈 앞에 펼쳐진 광경에 얼어붙었다.

"야, 야, 야. 유진아, 황유진. 뭐 하는 거야. 야!"

유진이 옷을 한 겹씩 벗고 있었기 때문이다.

"더워서요."

현우는 눈을 감았다.

"다시, 다시 입어."

"다 벗을 것도 아닌데요, 뭐."

"……."

유진은 천연덕스럽게 대꾸했고, 현우는 담배 생각이 간절해졌다.

"현우 선배."

"응."

"나, 선배 좋아했어요."

현우는 벽지 무늬로 새겨진 샹들리에 개수를 눈으로 세다가 유진의 말에 그녀를 보았다.

"무슨 소리야? 지금."

유진은 눈을 똑바로 뜨고 자세를 고쳐 앉았다.

"사실 지금도, 좋아해."

"황유진, 지금 내가 장난할 기분으로 보이냐."

"내가 안 예뻐요?"

"아, 진짜. 너……."

유진이 갑자기 침대에서 몸을 일으켜 현우에게 성큼 다가왔다.

"태라 씨랑, 안 하죠?"

"야."

"선배도 외롭고, 나도 외로우면. 그리고 내가 선배 많이 좋아하면? 오빠도 내가 싫지 않으면요?"

"그, 그럼 뭐?"

"안아줘요."

유진은 자신의 몸을 현우에게 붙여왔다. 향수 냄새가 훅 끼치고 현우는 엉거주춤하게 유진을 잡았다.

"유진아, 너, 취했어."

"아니!"

유진은 단호한 목소리로 말하고 현우에게 입맞춤을 하려 했다. 현우는 정신이 확 들었다. 여기까지 얘를 데리고 온 게 실수였구나. 현우는 유진을 침대에 붙잡아 앉히고 허겁지겁 재킷을 걸쳐 입었다. 유진은 그런 현우의 벨트를 풀기 위해 안간힘을 썼다. 현우는 경악했다.

"미쳤어?"

"나한테 따뜻하게 말해줬잖아요, 선배가. 그건 다 뭔데?"

다시 유진의 눈에 눈물이 고인다. 아까 그 식당에서의 표정이었다. 현우 황급히 주머니 속 차 키를 확인하고 유진에게 말했다.

"야, 유진아. 너 오늘 좀 이상해. 좀 자고, 주말 동안 좀 쉬고, 다음에 얘기해."

"아니야!"

소리를 지르는 유진을 뒤로 하고 현우는 황급히 방을 빠져나왔다. 이게 무슨 난리람. 모든 것을 정리하고 숨고 싶다. 젠장, 젠장. 현우는 속에서 계속 터져 나오려는 욕을 참고 차에 올라탔다. 집으로 가서 태라가 있든 없든 좀 자야 정신이 들 것 같았다.

점멸하는 신호등 불빛이 일렁거렸다. 열 시도 되지 않았지만, 현우에게는 억겁의 시간이 지난 것처럼 느껴졌다. 고통스러운 하루였다고, 현우는 생각했다. 앙칼지게 소리를 지르던 유진의 마지막 목소리가 귀에 자꾸 맴돌았다.

현우가 사라진 공간에 혼자 덩그러니 남게 되자 유진은 견딜 수 없는 모멸감과 수치심에 치를 떨었다.

"나쁜 놈, 나쁜 놈. 여기까지 데리고 와서 어떻게 나를 혼자 두고 가, 박현우! 내가 너 가만두지 않을 거야."

유진은 상처 입은 짐승처럼 잔뜩 웅크리고 한참을 울부짖다가 화장품 지갑을 더듬거리다 면도날을 꺼내 들었다.

모든 문자를 무시하고 자기 번호까지 차단해버린 현우의 거절에 유진은 여러 밤을 술로 지새우며 현우를 원망하고 자신을 괴롭혔다. 하지만 유진은 오래지 않아 깨달았다. 자해에 협박까지 해가며 어떻게 해서라도 갖고 싶었던 현우에 대한 마음이 사랑이 아니었다는 사실을!

유진은 모텔 사건을 통해 현우 역시 자신이 만들어낸 판타지 속의 인물이었음을 알게 된 것이다. 자라면서 받아왔던 상처와 결핍만큼이나 사랑받고 싶은 갈망도 컸다. 그 허기가 한번 먹잇감을 발견하면 절대 놓치지 않는 굶주린 승냥이처럼 유진을 옳지 않은 관계조차 매달리며 물고 늘어지게 만들었다.

유진은 상대방을 자신만의 소유물로 만들고 싶은 그릇된 욕망이 관계를 훼손하고 자신을 더욱 비참하게 한다는 사실을 깨닫게 되었다. 여러 날을 번민하며 결국 현우를 마음에서 떠나보내기로 했다. 힘든 결정에 대한 보상으로 유진은 회사에 한 달 휴직계를 내고 여행지를 검색하기 시작했다. 돌아올 때는 과거의 자신은 없을 거라 믿으며……

혼란형의 상처, 난 사랑 받을 수 없는 존재

혼란형은 어린 시절에 경험한 상실, 학대, 또는 외상적 사건을 해결하지 못한 사람들로, 자신을 신뢰하지 못하는 내적 불안에 다른 사람들에 대한 불신이 더해져 누군가와 건강한 관계를 형성하는 것이 어렵다. 관계에서 받은 상처 속에 숨어 밝은 세상 밖으로 나가지 못하고 어두움에 자신을 스스로 가두어놓는다.

혼란형은 불안형과 회피형의 특성을 둘 다 가지고 있다. 자기 표상이 부정적이기 때문에 불안형처럼 타인에게 의지하여 존재감을 느끼고자 하는 마음이 크다. 하지만 타인 표상 역시 부정적이기에 자신의 진짜 모습을 알게 되면 저주하고 떠나갈까 봐, 이용하고 학대할까 봐, 회피형처럼 다른 사람에게 쉽게 마음을 열고 다가가지 못한다.

이들은 외상적 경험으로 '나는 사랑 받을 수 없는 존재'라는 생각에 빠져 '사람들은 나를 좋아하지 않을 것'이라는 잘못된 고정관념을 가지고 있다. 당연히 사람들을 대할 때 위축된다. 그런 경우 다른 사람들도 자연히 쉽게 다가오지 못하게 되어 '사람들이 나를 좋아하지 않을 것'이라는 자신의 기대를 실현하며 점점 더 세상과 멀어져 간다. 외로움에 잠식되어 쉽게 불륜 관계에 빠져들며 서서히 무너져 간다.

애착유형에 상응하는 연인과의 관계 패턴

어린 시절 부모와의 관계 경험을 통하여 형성된 관계에 대한 밑그림은 연인을 선택하는 데 영향을 미치며 데이트에도 질적으로 상이한 관계 패턴을 보인다. 이는 애착유형에 따라 연인과의 친밀한 관계를 형성하는 과정에서 서로 다른 정서를 경험하고, 그 정서를 조절하며 표현하는 방법에 차이가 있기 때문이다.

이처럼 개인의 애착유형에 따라 사고방식이나 감정을 느끼고 표현하는 관계 패턴이 달라서 좋은 사람과의 지속적인 만남을 위해서는 먼저 그 사람의 애착유형을 알아야 한다. 상대방이 느끼는 사고와 감정, 행동 체계가 나와 다르다는 것을 알지 못하면 서로 마음을 나누는 대화를 하기는 어렵다.

하지만 상대방의 애착유형을 알게 되면 그 사람을 더 잘 이해하게 된다. 그 사람에게 좀 더 편안히 다가갈 수 있고 관계를 훼손시키는 부정적인 상호작용을 줄일 수 있다. 그러므로 진정한 만남을 위해서는 자신의 다름을 숨기지 말고 내보일 수 있는 용기와 상대방의 다름을 수용할 수 있는 인내가 필요하다. 서로의 애착유형에 맞는 언어를 사용해야 마음을 나누는 대화가 가능해지고 관계의 영역도 깊어질 수 있다.

안정형과 안정형의 조합

안정형과 안정형의 만남은, 가장 행복한 조합이다. 안정형은 자기 생각과 감정을 솔직하게 표현하고 상대방의 생각과 감정도 존중한다. 서로의 긍정적인 면을 주목하기 때문에 관계 만족도가 높다. 일단 연애를 시작하면 지속해서 길게 사귀는 편이다. 두 사람 사이에 갈등이 생기면 그 상황을 회피하지 않고 대화를 통해 해결하고자 한다. 서로를 격려하고 지지함으로써 서로에게 기대어 성장할 수 있는 안식처와 안전기지 역할을 한다.

불안형과 불안형의 조합

불안형과 불안형이 만난 경우, 연인을 위해 모든 것을 내어줄 것 같은 뜨거운 감정으로 연애를 시작한다. 온종일 연인 생각에 꿈길을 걷는 것 같지만 시간이 흐르면서 상황은 조금씩 달라진다. 자신보다 연인을 먼저 배려하던 연애 초기와는 달리 점점 상대방을 통제하기 시작한다. 이들 내면에 숨겨진 불안이라는 핵심 감정 때문에 연인의 모든 것을 공유하고 싶어 한다. 상대방의 일거수일투족을 감시하며, 자신의 요구대로 하지 않으면 마음이 변했다며 불같이 화를 낸다.

'사랑해'라는 말을 남발하며 죽고 못 사는 것처럼 보여도 의견 충돌이 생기거나 불안한 상황이 고조될 때는 극단적인 파국으로 치닫는다. 돌이킬 수 없는 상처 주는 말들을 퍼부으며 등을 돌리고 결별을 선언한다. 특히 불안형 남성은 아주 통제적이고 강압적이기 때문에 관계에서 신체적 또는 정서적 학대의 가능성도 크다.

회피형과 회피형의 조합

회피형과 회피형이 만난 경우, 그들은 서로의 공간을 침해하지 않기 위해 암묵적으로 그려 놓은 선을 지키며 심리적 거리를 조율한다. 연인에게 빠져드는 듯하다가도 어느 순간 다시 자신의 일에 집중한다. 서로에게 자신의 감정을 표현하지 않고, 두 사람 미래에 관한 대화를 회피한다. 한 공간에 같이 있지만, 정서적으로 채워지지 않는 외로움 때문에 혼자라는 느낌을 떨쳐버리기가 어렵다.

이들 관계에서 "사랑해"처럼 달콤한 말은 좀처럼 듣기 힘들다. 연인에게 위로나 격려의 말을 건네기 역시 쉽지 않다. 갈등이 없을 때는 좋은 관계를 유지하지만, 갈등 상황에서는 두 사람 다 눈치만 보며 문제 해결을 위해 노력하지 않는다. 어느 정도 거리를 두다 보면 점점 관계가 소원해지며 서로 낯설어진다. 연락을 끊고 새로운 대상을 탐색한다.

혼란형과 혼란형의 조합

혼란형과 혼란형이 만난 경우, 이들 관계에서는 불안형끼리의 조합과 회피형끼리의 조합에서의 문제점이 모두 나타난다. 불안과 회피의 경향성을 반복하면서 두 사람의 관계는 점점 복잡해지고 혼란스러워진다. 서로에게 집착하며 구속하다가도 어느 순간 등을 돌리며 멀어진다.

연인이 갑자기 낯선 이방인처럼 행동한다. 해결되지 않은 상처로 인하여 상대방을 의심하고 두려워하기도 한다. 과거의 트라우마적 사건이 현재에도 진행된다고 여기기 때문이다. 이들은 감정 노동에 휘말리지 않는 낯선 이와의 불륜으로 자신의 불안과 외로움을 달랜다.

불안형과 회피형의 조합

불안형과 회피형이 만난 경우, 불안형은 추격하고 회피형은 도망가는 관계 형태가 나타난다. 불안형은 회피형이 자신을 더 이상 사랑하지 않을 것만 같은, 버려짐에 대한 불안을 느낀다. 그래서 자신에게 거리를 두고자 하는 회피형에게 점점 더 다가가면서 그의 사랑을 확인하고 싶어 한다.

하지만 회피형은 자신의 심리적 독립을 보장하는 안전거리가 확보되지 않으면 질식할 것 같은 두려움에 도망을 쳐서라도 그 거리를 유지하려 한다. 이러한 쫓고 쫓기는 악순환이 서로를 지치게 하고 결국 두 사람 사이의 관계를 차단하는 벽을 쌓게 된다. 연애 때는 서로에게 자석처럼 끌리지만 결혼 후 각자의 애착 성향이 나타나면 부부 갈등을 가장 많이 일으키는 조합이다.

불안형과 안정형의 조합

자기 표상은 부정적이고 타인 표상은 긍정적인 불안형은 자존감이 낮아서 자존감 높은 안정형에 의지하여 자신의 존재감을 찾고 안정된 관계를 유지하려 한다. 이러한 불안형의 의존적인 성향을 안정형이 자연스럽게 받아주고 유연하게 리드하면 불안형의 불안이 줄어들어 이상적인 관계를 만들어갈 수 있다.

불안형이 가장 두려워하는 것은 자신이 그토록 원하는 친밀감을 위협하는 연인의 무심함이다. 하지만 안정형은 밀당 없이 문자에도 바로바로 답을 하고, 불안형의 시그널에 비교적 즉각적으로 반응하므로 좋은 관계를 유지 할 수 있다. 특히 아내가 남편에게 의존하는 전통적 성 역할이 강조되었던 부모 세대에서는 불안형 아내와 안정형 남편의 조합은 안정형−안정형 조합과 유사한 높은 결혼 만족도를 보인다.

회피형과 안전형의 조합

회피형은 외관상 합리적이고 논리적으로 보이기 때문에 안정형과의 만남이 조화로워 보인다. 감정을 무시하고 살아온 회피형은 데이트 상대를 고를 때도 마음보다는 머리가 먼저 작동한다. 이러한 사람이 자신에게 적합할 것이라고 이성적으로 판단하고 안정형을 선택한다. 하지만 회피형은 감정 표현이 서툴고 친밀감을 두려워하기 때문에 안정형은 회피형 연인과 가까워지는 데 한계를 느낀다. 안정형은 그만큼 외롭다.

하지만 안정형이 인내심을 가지고 회피형이 부담스럽지 않을 정도로 서서히 다가간다면 좋은 결과를 가져올 수 있다. 진심을 담아 칭찬하고 반복적으로 애정을 표현한다면 회피형의 마음이 서서히 열리기 시작한다. 안정형이 회피형 연인의 감정도 읽어주고 힘들 때 위로해주면서 든든한 안전기지가 되어 줄 때, 회피형도 비로소 감정을 표현하고 상대방을 위로하는 법을 배워가게 된다. 하지만 이 모든 과정은 사랑과 인내로 담금질하는 오랜 시간이 요구된다.

혼란형과 안정형의 조합

이 조합은 불안형과 안정형, 회피형과 안정형의 만남에서 보이는 현상들이 혼재되어 나타난다. 안정형의 인내와 사랑이 혼란형을 변화시키는 열쇠다. 하지만 불안형이나 회피형보다 변화되는 데 더 오랜 시간이 필요하다.

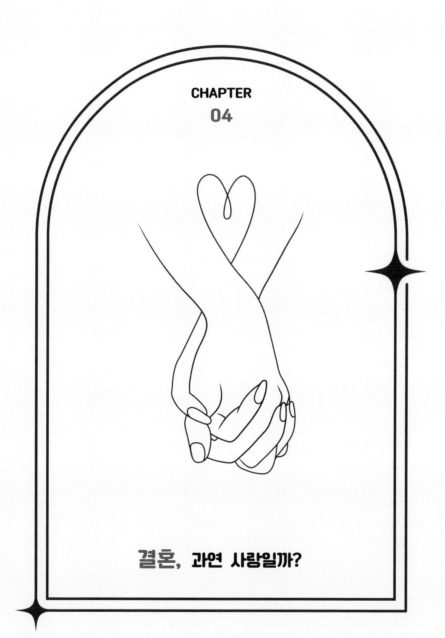

CHAPTER
04

결혼, 과연 사랑일까?

사랑이 어떻게 변하니…

　　잔뜩 부풀리고 포장한 상태에서 자신의 좋은 모습만 보이던 연애 시절과 서로의 진짜 모습을 날것으로 마주하며 살아가는 결혼생활은 엄연히 다르다. 나뿐만 아니라 상대방도 똑같이 가장했으니, 어떻게 사랑이 변할 수 있냐고 항변하지만, 그건 사랑이 변한 게 아니라 가면을 벗어던진 자신들의 모습을 마주하고 당황하게 된 것이다.

　　물론 모든 사람이 다 그런 것은 아니다. 건강한 사람은 자신의 모습을 있는 그대로 드러내 보인다. 이들은 자신을 있는 그대로 받아들이고 사랑하기 때문에 다른 사람 앞에서 숨기려 하거나 포장하지 않는다. 반면 마음이 건강하지 못한 사람은 다른 사람들의 비난이나 평가가 두려워 자신의 진짜 모습을 감추고 가장한다.

　　하지만 아무리 변장해도 마음이 건강하지 못한 사람은 자신과 똑같이 닮은 무언가 결핍되고 상처 많은 사람을 만날 수밖에 없다. 자신의 결핍이 큰 만큼 그 결핍을 채워 줄 사람을 찾아 헤매다가 그 결핍을 기꺼이 채워줄 듯 과한 열정과 헌신의 몸짓으로 다가오는 또 다른 결핍된 대상을 만나게 된다. 마치 "아~ 당신은 나의 반쪽!"이라는 감탄사에 "어~ 바로 당신이야!"라고 반응하듯 그들은 서로를 알아보고 바로 사랑에 빠진다.

┗라는 모양의 요철과 ┓라는 모양의 요철이 맞물려 딱 들어맞는 것처럼 느껴지는 연애 시절에는 '영혼의 짝(soul mate)'를 만나 자신의 오랜 소망이 이루어진 것 같은 착각에 빠진다. 자신의 마음의 구멍을 채워 줄 연인으로 인해 더 이상 결핍된 인생이 아닌 충만한 인생으로 거듭날 것이라는 판타지에 빠져드는 것이다. 하지만 서로를 향한 열정은 자신들의 결핍을 연료 삼아 타오르는 숨겨진 욕망의 불꽃이다.

'나의 결핍을 채워줘, 그래서 당신이 나의 운명이자 나의 반쪽임을 증명해'라는 바람과는 달리 시간이 지나면서 실망과 좌절로 인해 마음의 구멍은 점점 커지고 너덜너덜해진다. 연애 때는 멀리서 바라보기만 해도 설렘으로 숨 막히게 쿵쾅거렸던 심장이 서로의 진짜 모습을 마주하게 되면서 맞지 않은 심장 이식으로 면역 체계가 무너진 듯 알레르기 반응이 일어나 숨 막히게 된다.

'이 사람이 아니었나 봐, 좀 더 신중했어야 했는데……' 자신의 결혼이 사랑인지 상처인지 혼란스러워지면서 때늦은 후회가 밀려오지만, 마음이 구멍 난 상태로는 다시 그때로 돌아가도 같은 선택을 할 수밖에 없다.

구멍 난 결핍이 채워지지 않으면 아무리 시간이 흘러도 선택은 똑같을 수밖에 없기 때문이다.

결혼의 이유

　달달한 연애 끝에 결혼한 새내기 부부 현우와 태라의 갈등은 서로에 대한 무지에서 비롯되었다. 사랑해서 결혼했다지만 과연 사랑이 맞는 것일까? 자신의 결핍을 채워줄 대상을 선택한 것은 아닐까? 모든 것을 사랑이란 이름으로 포장하고 정당화하려 하지만 무의식에 숨겨진 어린 시절의 상처가 이 모든 과정을 소리 없이 이끌고 간다.

　현우와 태라의 문제는 겉으론 달라 보였지만 그 뿌리는 같았다. 태라는 버려짐에 대한 두려움으로 인해 관계에 집착했고, 현우는 친밀함에 대한 두려움 때문에 관계를 회피했지만 두 사람 내면에 웅크리고 있는 것은 '두려움'이란 같은 실체였다.

　"어떻게 그렇게 쉽게 사랑이 변해? 아니 결혼하더니 사람이 그렇게 180도 달라질 수 있어? 이건 분명 사기 결혼이야."

　현우의 무심하고 싸늘한 태도를 견딜 수 없었던 태라는 상처 받은 자신의 아픔을 악다구니를 쓰며 이렇게 내질렀다.

　자신이 힘든 상황에서 남편인 현우에게 위로받지 못하고 관심조차 받지 못할 땐 태라는 영락없이 혼자 남겨진 것 같은, 아니 버려진 것 같은 느낌에서 벗어날 수가 없었다. 워낙 기다림이나 막연함을 견디지 못하는 태라에게 남편의 침묵은 일부러 모른 척하며 자신을 방치하는 것처럼 보였다. 자신의 불안을 덜어주려고 노력하지 않는 현우의 무심함에 화가 치밀어 올라 미쳐버릴 것만 같았다.

하지만 현우의 입장은 달랐다. 태라가 염려스럽지 않은 것이 아니라 태라의 변화무쌍한 감정적 동요에 매번 어떻게 반응해야 할지를 몰랐을 뿐이다. 항상 변함없이 그 자리에 있어 줄 둔중한 조각상 같은 점이 좋아서 결혼했다면서 어느 날은 자신을 감싸주는 부드러운 벨벳 같은 존재가 아니라며 미친 듯이 화를 내고 울어대는 태라를 어떻게 달래야 하는지 모르겠어 답답했다.

힘들 때 누구에게도 위로받아보지 못했던 현우는 정작 자신이 사랑하는 아내조차 어떻게 위로해야 하는지 막막했다. 곧 터질 것만 같이 잔뜩 부풀려진 풍선처럼 한껏 차오른 태라의 불안을 어떻게 잠재워야 할지 대책이 서지 않을 때는 더욱 힘겨웠다. 자신의 마음과는 달리 한없이 무기력해진 순간에 현우는 늘 하던 대로 달아나 숨고 싶은 마음뿐이었다.

"나 역시 마찬가지야, 나도 정말 너무 버거워, 결혼 전엔 너의 이런 모습은 상상조차 못 했어, 밖에서 힘들게 일하고 집으로 돌아오면 나도 좀 쉬고 싶다고. 넌 이런 상황에서 내가 얼마나 힘든지 한 번이라도 생각해봤니?"

그 말이 떨어지기가 무섭게 태라는 더욱 화를 내며 흥분했다.

"도대체 뭐가 버겁다는 건데, 이러는 내가? 아님 우리의 결혼생활이? 나의 어떤 모습? 상상조차 하기 힘든 나의 모습이 도대체 뭐야? 나도 일하고 집에 돌아오면 수고했다고 안아 주는 남편의 따뜻한 위로도 받고 싶고, 마주 앉아 하루 일을 이야기하며 사랑도 나누고 싶어. 이렇게 악다구니 쓰며 살고 싶지 않았어. 박현우! 그런 너는 이런 내 맘을 아냐고?"

　　자신에게 너라고 소리치며 너랑 사느니 차라리 죽어 버리겠다고 위협하는 순간까지 치달으면 현우는 태라와의 결혼이 어디서부터 어떻게 잘못된 것인지 자신도 다 때려치우고 싶은 심정이었다. 숨 막히는 관계적 갈등에서 물러나 자신만의 동굴에서 가빠진 숨을 고르고 싶었다.

빛 가운데 숨겨진 그림자

　빛이 강하면 그만큼 드리워진 그림자도 진하다. 단지 우리가 빛에만 집중하고 있을 때는 그 그림자를 잠시 의식하지 못할 뿐이다. 하지만 빛 가운데 숨겨진 듯 보이는 그림자는 언제든 때가 되면 자기의 모습을 드러낸다. 혼자 있어도 다른 사람과 같이 있어도 늘 한결같은 안정형은 빛과 그림자의 차이가 극명하지 않지만 불안정한 애착을 형성한 사람은 그 경계가 너무도 분명하다. 그러나 사랑이란 늪에 빠져 밝은 빛만 주시하다 보면 그림자를 보지 못하고 간과하게 된다.

　타인의 인정과 관심이 곧 자신의 존재감으로 연결되는 **불안형**은 자신만 바라봐 주는 대상 앞에서는 자기 긍정의 화신인 것처럼 자신감 넘치고, 매력적이다. 자기 이야기를 솔직하게 펼쳐냄으로 상대방의 경계를 허물며 쉽게 다가간다. 그 사람의 고민을 잘 들어주고 실제적인 도움까지 주면서 감동을 준다.

　그렇게 빛 가운데서는 활동적이고 친절한 불안형은 혼자 남겨지면 그만의 그림자가 본색을 드러낸다. 사람들의 시선이 거두어진 혼자만의 공간에서는 맥이 빠지며 무력해진다. 자신은 한없이 부족한 사람인 것 같아 상대방의 마음이 떠날까 봐 불안해진다. 자신이 원하는 만큼 그 사람은 자신을 원치 않는 것 같아 우울의 나락에 빠져든다.

세상에서 의지할 수 있는 사람은 오로지 자신뿐이라고 굳게 믿어온 **회피형**은 스스로를 책임지기 위해 주어진 자리에서 최선을 다하는 편이다. 그 덕분에 다른 사람들이 미처 시도하지 못한 성취와 업적을 이루기도 한다. 성실하고 능력 있는 사람이라는 칭찬을 듣지만 어쩌면 '일 중독'이다 싶을 정도로 일에 매달리는 그들은 언제나 관계보다는 일이 우선이다.

　　누군가 같이 있어도 늘 혼자인 것 같은 회피형은 자신의 감정을 표현하는 것이 어색하고 쉽지 않다. 상대방의 감정에 공감하고 그 마음을 위로하기가 어렵다. 그래서 갈등이 생기면 숨어버리고, 마음 한구석에서 쓸쓸함의 기척이 느껴지면 사람 대신 책을 찾거나 컴퓨터를 켠다. 손을 조금만 뻗으면 바로 잡힐 것 같은 고독이라는 실체를 외면하고자.

　　자신도 타인도 괜찮지 않은 **혼란형**에게는 빛과 그림자 모두 불안형과 회피형의 특징이 혼합되어 나타난다. 빛 가운데 있을 때는 자신이 살아 있다고 느끼게 하는 그 사람의 관심을 받기 위해 자신이 할 수 있는 부분을 기꺼이 감행한다. 사랑만 받을 수 있다면 무엇이든 할 수 있다는 절박한 심정으로.

　　그럼에도 불구하고, 상대방이 자신의 본모습을 알게 되면 떠나갈까 봐 다른 사람인 것처럼 포장하고 가장한다. 세상은 여전히 자기 편이 아니라고 여기기에 빛 보다는 그림자 속에 거하기를 선택한다.

안정형, 주영의 결혼 이야기

안정형인 주영도 결혼이 생각처럼 쉽지는 않았다. 엄마는 기반을 잡은 안정적인 사윗감을 원했는데 이제 막 사회 초년생으로 발을 디딘 세원을 못내 아쉬워하셨다. 아빠도 세원이 연하남이고 가정 형편이 어렵다는 점을 마음에 걸려 하셨다. 두 분 모두 딸이 좀 더 편히 살았으면 하는 마음이라는 것을 주영도 잘 알고 있었지만, 마음이 편하진 않았다. 하지만 결혼해서 행복하게 사는 모습을 보여 드리면 서운함이 풀릴 것이라 여겼다.

그런데 서로 모든 것을 다 내어줄 수 있을 것 같던 연애 때와는 다른 결혼생활이었다. 결혼을 하고나니 완전히 새로운 생활이 시작되었다. 하루의 시작과 끝을 함께 해야 한다는 것은 좋은 일이기도 하고 나쁜 일이기도 했다. 연애 때처럼 아쉬워하며 헤어지지 않아도 된다는 점에선 좋은 일이었지만, 늘 같이 있는 공간에서 서로에게 원하는 모습만 보여줄 순 없었다. 원하는 모습만 볼 수도 없었다.

주영은 어렸을 때부터 엄마 아빠가 언성을 높여 싸우거나 표정이 굳어 있는 걸 한 번도 본 적이 없었다. 두 분이 항상 서로 아끼고 사랑하는 모습을 보면서 막연하게 자신도 나중에 자라서 결혼이라는 걸 하면 저렇게 행복하게 살 수 있겠구나, 아이와 남편과 웃으면서 시간을 보낼 수 있겠구나 하는 기대 속에서 결혼을 꿈꿔왔다.

하지만 결혼하고 얼마 되지 않아 위기가 찾아왔다. 신혼여행을 갔다 온 후, 결혼 직전에 따냈던 계약이 생각보다 잘 돼서 주영은 부서 이동을 하면서 팀장으로 승진했다. 회식 후 팀원들에게 받은 선물과 케이크를 들고 승진의 기쁨에 들떠 집에 돌아왔다. 하지만 그런 주영을 맞이하는 세원의 모습은 다소 굳어 있었다. 아내 주영의 승진을 전혀 기뻐하지 않는 표정이었다. 뭔가 어색한 분위기를 바꿔보려고 주영은 일부러 장난스럽게 말했다.

"앞으로 누나가 돈 많이 벌어서 호강시켜 줄게."

그런데도 세원의 굳은 표정이 풀어지지 않자 주영은 혼란스러웠다. 뭐가 문제일까, 자존심 때문이었을까? 아니면 다른 무슨 문제가 있는 걸까? 여러 생각이 빠르게 오가는 순간, 세원이 던진 말이 둔기로 얻어맞은 듯 주영을 멍하게 만들었다.

"자기는 좋겠네. 잘나가서. 나는 아직도 말단 사원으로 찌질거리고 있는데."

주영은 나름대로 세원의 부담을 줄여주려고 한 말이었는데 그게 자랑처럼 들렸던 것이다. 그 무렵에 세원이 사수랑 일하는 스타일도 안 맞고 인간적으로도 안 맞아서 힘들어했다는 건 나중에야 알았다. 출근 전에 여기저기가 아프다면서 약을 달라거나 출근하기 싫다고 한숨을 쉴 때 진작 눈치챘어야 했지만, 주영도 그 당시 새로운 프로젝트에 전념하느라 남편의 힘든 부분을 알아채지 못했던 것이다.

주영이 승진하고 더 큰 프로젝트를 맡게 되니까 세원은 점점 더 이상하게 굴었다. 주영의 옷차림이나 화장에 대해서 예민해졌다. 왜 유부녀가 굳이 힐을 신어야 하냐, 누구한테 예뻐 보이려고 그렇게 노력하는 거냐 하면서 자신을 힐난하는 세원이 주영은 너무 낯설었다. 프로젝트 막바지에 야근이 잦아들자 '집에 언제 오냐, 어디냐, 누구랑 뭐 하고 있는 거냐, 내가 돈 많이 못 벌어서 이렇게까지 하는 거냐?'라는 문자가 이어졌다. 사랑하는 남자친구가 남편이 되더니 이상해졌다는 생각에 주영은 우울하고 힘이 빠졌다.

그렇게 힘겹게 버티며 프로젝트를 끝낸 기념으로 회식을 마치고 늦게 들어왔던 날이었다. 집 안의 불이 모두 꺼져 있었다. 친구랑 저녁 약속이 있다던 남편이 늦어지나 보다 하고 쉬려는데 과장에게 전화가 왔다. 이번 프로젝트도 퀄리티가 아주 좋게 마무리가 됐다, 그런 칭찬을 했고 주영은 웃으면서 감사하다고 한 게 전부였다. 그런데 전화를 끊자마자 안방에서 세원이 나오면서 주영을 향해 던진 한마디는 비수가 되어 그녀의 가슴에 꽂혔다.

"그 자리가 그렇게 웃음 팔아가면서 얻은 자리야? 좋아?"

주영은 너무 놀라고 당황스러워 멍하니 있었다. 그때 세원이 울음을 터뜨리며 밖으로 나가려고 했다. 그 순간 자기도 모르게 주영은 남편을 안아줬다. 세원은 주영을 밀어내면서 왜 자기를 이렇게 외롭게 두냐고 소리쳤다.

그때야 주영은 자신들이 행복한 부부가 아니라는 걸 알게 되었고, 어렸을 때 주영이 보던 행복한 엄마 아빠의 모습이 아니라는 사실을 깨닫게 되었다. 주영은 고민하다 세원을 설득해 부부 상담을 받기로 했다.

상담을 받으면서 남편의 어린 시절 이야기를 들으며 주영은 세원을 좀 더 이해하게 되었다. 세원은 어렸을 때부터 부모님과 같이 시간을 보낼 기회가 없어 항상 정에 굶주린 아이였다. 성인이 되어서도 리드하고 책임져야 하는 여자보다는 엄마처럼 푸근하고 기댈 수 있는 여자를 만나고 싶었다. 그러한 세원의 무의식은 엄마처럼 따뜻해 보였던 주영을 배우자로 선택한 것이다. 그런데 막상 결혼 후 주영이 일 때문에 정신없이 바쁘니까 예전의 일만 하시던 자신의 엄마 모습이 겹쳐 보이면서 너무 우울했다는 세원의 마음을 알게 되었다.

상담을 통해 서로의 상처와 결핍을 알게 된 것이 부부의 관계를 회복하는 데 커다란 도움이 되었다. 그 후로 주영은 일과 가정의 밸런스를 맞춰서 조절했고 대화를 통해 세원의 마음을 알아주었다. 세원도 조금씩 안정되어가면서 아내의 성취에도 진심으로 기뻐해 주었다. 힘든 시간을 통해 비 온 뒤에 단단해진 땅처럼 두 사람 사이의 결속력도 굳어졌다. 문제를 회피하지 않고 적극적으로 대처한 결과였다.

안정형 배우자의 관계 패턴

자신이 배우자에게 의지할 수 있고 자신도 배우자에게 힘이 된다고 여기는 안정형은 배우자를 자신의 부족함을 채워주는 상호 보완적인 자원으로 받아들인다. 서로를 지지하는 이들은 힘든 상황에서도 배우자에게 도움을 청하며 같이 문제를 해결하기에 부부 결속력도 높다. 안정형은 이성적 사고를 주관하는 좌뇌와 감정을 조절하는 우뇌의 발달이 조화로워 자신과 배우자의 생각과 감정을 존중하고 수용하면서 부부로서의 연합을 추구한다. 건강한 감정 조절 능력과 지혜로운 판단력으로 결혼생활에 높은 적응력을 보인다.

이들은 불안정형에 비해 행복은 크게 느끼고 상대적으로 갈등은 적은 편이다. 살면서 갈등이 없을 수는 없지만 건강한 자존감을 지닌 안정형은 건설적인 대화로 타협점을 찾아간다. 우선 이들은 자신의 감정을 솔직하게 배우자에게 표현할 줄 안다. 일방적으로 상대방을 비난하거나 상황을 탓하기보다 특정한 갈등 상황에서 배우자가 자신의 감정을 다치게 하는 행동을 할 때 자신이 느낀 감정에 대해 진정성 있게 전달한다. 서로에게 상처를 주지 않고 자신의 감정을 전달하는 대화법이 배우자의 이해와 공감을 이끌어낸다.

관계에 안전감을 느낄 때 자연스럽게 사랑의 열정도 살아나기 때문에 안정형은 성생활에서도 적극적이다. 다정한 스킨십과 부드러운 성관계로 긴장을 낮추어 내적 불안을 감소시키고 부부간의 정서적 친밀감을 증진시킨다. 이들은 배우자가 자신을 알아갈 수 있도록 성에 대해서 개방적인 자세로 이야기를 나눈다. 자신이 원하는 바를 표현하고 더불어 배우자의 욕구를 맞추어 주고자 노력한다. 사랑한다는 말과 함께 애정 표현도 자주 하는 편이다. 안정형은 기본적으로 자신의 행복이 배우자의 행복이며 배우자의 행복이 자신의 행복이라고 여기기 때문에 서로에 대한 헌신과 의존을 두려워하지 않는다.

불안형 태라와 회피형 현우의 갈등

태라의 경우, 어린 시절 부모와의 관계에서 고착된 버림받음에 대한 불안과 그로 인한 상대방에 대한 과도한 집착이 남편과의 관계에 서서히 균열을 만들어 갔다. 남편이 회사 일로 조금만 늦어도 태라는 늘 불안했다. 혹시 남편에게 안 좋은 일이 생긴 건지, 오다가 차 사고가 난 것은 아닌지 불안해지면, 정작 파김치가 되어 퇴근한 남편을 살갑게 반기기는커녕 짜증을 내곤 했다.

"늦으면 늦는다고 전화를 해야지! 핸드폰은 폼으로 들고 다녀?"

문자도 남기지 않은 채 아무 일 없다는 듯이 늦게 들어오는 현우가 야속하게만 느껴져 태라는 남편을 걱정했던 마음을 전하기보다는 잔뜩 부풀어 오른 마음의 불안을 비난조의 짜증으로 터뜨리곤 했다.

"미안해, 오늘 내내 바빠서 정신이 없었네, 그러니까 내가 늦으면 회사 일로 늦나 보다 하고 먼저 식사하라고 했잖아. 그렇게 발 동동 구르며 기다리지 말고… 배고프다, 얼른 밥 먹자."

태라는 지독히도 혼자 있는 것을 못 견뎌 했다. 갑자기 회식이라도 잡히는 날에는 불을 모두 꺼놓고 거실 소파에 앉아 팔짱을 낀 채 눈을 감고 있었다. 직장 사람들 틈바구니에 끼어 살얼음판을 걷듯 여러 사람 비위를 맞추며 억지로 술을 마시고 집에 겨우겨우 들어오면 가장 무서운 상관이 버티고 앉아 있는 것 같았다.

저녁 식사 후 집에 같이 있어도 회사 일이 밀렸다는 이유로 서재에서 처박혀 자신을 나 몰라라 방치하는 현우에게 태라는 화가 나서 견딜 수가 없었다. 남편이 한 공간에서 자신과 함께 시간을 보내지 않을 때는 떨어져 있을 때보다도 더 외롭고 비참한 느낌이 들었다. 그런 마음을 들키기 싫어 태라는 자꾸 남편에게 짜증을 내며 사소한 일로도 닦달하며 몰아세웠다.

불안형의 아내 태라와 반대로 혼자만의 공간에 익숙한 회피형 남편인 현우는 아내의 의존 욕구와 지나친 애정 표현이 점점 불편하게 느껴졌다. 일심동체인 부부는 모든 것을 공유해야 한다며 자신과 하나가 되기를 원하는 것처럼 보이는 태라의 집착이 부담스러웠다. 현우는 태라가 다가오는 만큼 자신도 모르게 뒷걸음질 쳤다. 태라를 피할 수 있는 구실을 찾느라 바빠졌다. 집은 현우에게 더 이상 편안하게 쉴 수 있는 장소가 아니었다.

아내의 눈치를 살피다 밀린 회사 일을 핑계 삼아 슬그머니 서재로 들어가면 태라는 "그럴 거면 혼자 살지, 왜 결혼했어?"라고 다그쳤다. 태라의 한 톤 높아진 앙칼진 목소리에 엄마에게 꾸지람 듣던 어린아이로 돌아간다. 현우는 어린 시절 부모에게 반응했던 방식으로 더욱 말이 없어졌고, 자신만의 공간으로 숨어버리기 시작했다. 이 때문에 태라는 더 상처받고 좌절했다. 이러한 악순환이 거듭되면서 두 사람 사이의 균열은 조금씩 더 틈새가 벌어지기 시작했다.

현우가 태라에게 상처를 주려고 의도한 것은 아니었지만 비슷한 부부싸움이 몇 차례 반복되면서 태라는 현우가 의도적으로 자신에게 상처를 준다고 생각했다. 하지만 현우 역시 어찌할 바를 몰라 익숙한 방어 전략 속에 숨은 것이었지 결코 태라에게 고통을 주려던 행동은 아니었다.

연애 때 서로의 눈앞에 내민 그럴듯하게 포장된 모습과 각자의 욕망이 만들어낸 배우자에 대한 환상은 결혼이라는 현실 속에서 처참히 무너져 내렸다. 그리고 잘못된 결혼을 선택한 자신의 어리석음을 자책하는 것은 일상이 됐다.

까칠한 여자, 나쁜 남자에게 끌리는 이유

 이처럼 개인의 애착유형은 부부 관계에도 영향을 미쳐 결혼생활의
성공 여부를 예측할 수 있게 한다. 사람은 자신과 비슷한 감정과 사고
를 지닌 사람을 데이트 상대로 선택하는 경향성이 높다. 그래서 안정형
은 안정형을, 불안정형은 불안정형을 선택하게 된다. 배우자 선택 역시
안정형은 안정형을 선호하고 불안정형은 불안정형에게 더 매력을 느낀
다. 도대체 왜 그런 것일까?

 이러한 이유에 대해 크게 두 가지로 설명할 수 있는데, 그중 하나
는 **유사성의 효과**다. 사람들은 자신과 비슷한 사람들에게 동질감을 느
끼고 편하게 다가간다. 즉 자신과 비슷한 환경에서 자라 성격유형과 생
활양식이 유사한 사람을 좋아한다. 비록 비합리적이고 건강하지 못한
관계일지라도 사람은 무의식적으로 자신에게 익숙한 정서를 지닌 사람
에게 끌리게 된다.

 이는 항상성(homeostasis)의 원리가 마음에도 적용되기 때문이다.
'생체항상성'이란 변화하는 외부환경에 대응하여 생체 내의 환경을 일
정하게 유지하려는 현상이다. 의식하지 않아도 몸이 자동으로 작동하기
에 자동 정상화 장치라고도 부른다. 예를 들어 강도 높은 운동을 하게
되면 호흡이 빨라지고 땀이 난다. 운동으로 인해 생기는 산소부족을 호

흡량을 늘려 산소를 보충하고, 상승한 체온을 땀으로 배출하여 정상치로 복귀하려는 생체항상성 유지 기능이 작동하는 것이다.

이와 마찬가지로 인간관계 역시 항상성의 원리에 의해 지배받는다. 자신에게 익숙한 정서 체계의 사람을 선택함으로써 **정서적 항상성**을 유지하려고 한다. 자신이 이미 경험했던 감정에 대해서는 더 쉽게 처리할 수 있으므로 감정 균형을 유지하기도 쉽다. 자신을 훼손하더라도 익숙한 정서 체계를 반복하는 것이 낯선 유익함을 받아들이는 것보다 편하기 때문이다.

그래서 우리는 자신이 자라온 가정 분위기와 비슷한 배경을 지닌 사람에게 끌리게 된다. 자신에게 익숙한 상황에서는 다음 일을 예측하고 능숙하게 처리할 수 있기에 덜 상처 받는다고 느낀다. 물론 의식적으로는 원가정에서 겪었던, 원치 않던 굴레와 수치에서 벗어나겠노라고 수없이 다짐해도 무의식은 자신과 유사한 정서를 지닌 사람에게로 인도한다.

예를 들어 알코올 중독자인 아버지와 그로 인해 고통받는 어머니 밑에서 자란 여성은 의식적으로는 자신은 절대 술을 마시는 사람을 만나지 않겠다고 결심한다. 하지만 자신의 의지와는 다르게 아버지와 비슷한 사람에게 마음이 간다. 아버지가 술에 취해 난동을 부린 다음 날, 엄마는 몸져누웠고 어지럽힌 집 안을 정리하며 해장국을 끓여낸 자신을 칭찬하던 아버지의 말에 자신의 존재감을 부여잡고 산 탓이다. 이러한 상황에 누구보다 능숙하게 대처할 수 있는 익숙함도 마음을 부추긴다.

더 중요한 이유는 자신과 유사한 정서 체계를 가진 사람을 만나면 무의식이 먼저 알아채고 반응하는데, 이러한 정서적 반응을 우리는 **사랑의 감정으로 착각한다.** 일단 로맨틱한 사랑에 빠져들면 우리의 이성적 사고는 마취된 듯 길을 잃는다. 자신을 적당히 포장할 수 있는 연애는 열정의 너울을 쓴 몽상의 세계에 가깝기에 콩깍지가 씐 순간, 연인의 좋은 점만 보이고, 부정적인 모습은 눈에 들어오지 않는다. 누군가 옆에서 진심 어린 조언을 해주어도 문제를 합리화하거나 과소평가한다. 결혼하면 모든 것이 괜찮아질 거라고 스스로를 설득하면서.

그러나 결혼은 일상의 민낯을 마주하는 현실이다. 결혼 후 서서히 낭만적 사랑은 퇴색되고 그 사랑에 잠시 가려졌던 배우자의 마음의 구멍이 선명하게 드러나면서 간과했던 문제들이 터져 나온다. 자신의 바람대로 포장해 온 배우자에 대한 환상이 깨지는 순간 고통은 시작된다. 두 사람 사이에 부정적 상호작용을 유발하는 갈등이 되풀이되면서 서로를 잠식해간다.

이러한 상황에 적극적으로 대처하여 문제를 극복하지 못할 경우, 시간이 지나며 상황은 악화되어 별거나 이혼으로 이어진다. 그러한 결정에도 도달하지 못하는 경우, 평생 등을 돌리고 남보다 못한 관계로, 서로를 탓하고 원망하며 살아가게 된다.

넌 나의 반쪽! 내 마음의 결핍을 채워줘

　자신의 애착유형과 비슷한 사람을 배우자로 선택하는 두 번째 이유는 어린 시절의 충족되지 못한 관계 경험에 대한 보상으로서의 '성공 욕구'다. 이마고 이론의 창시자인 하빌 헨드릭스(Harville Hendrix)는 사람은 자신을 양육한 부모에 대한 긍정적, 부정적 이미지를 모두 지니고 있는데, 이러한 부모의 이미지(이마고 IMAGO)가 훗날 배우자 선택에 영향을 미친다고 주장한다. 성장하면서 의식적, 무의식적으로 자기 부모 이미지를 지닌 이성에게 끌리게 되는데, 이는 어린 시절 부모와의 관계에서 충족되지 못했던 욕구를 부모―자녀 관계와 유사한 역동을 지닌 부부 관계에서 보상받고 채움받기를 기대하기 때문이라는 것이다.

　이러한 주장은 발달심리학자 에릭 에릭슨(Erik Erikson)의 이론과 상당 부분 맞닿아있다. 발달심리학에 의하면 사람은 자라면서 순차적인 발달 단계를 거치게 된다. 이때, 각 그 단계에서의 발달적 욕구가 충족되지 못하면 발달은 늦어지고 충족되지 않은 욕구는 '미해결과제(unfinished business)'로 남아 그 이후의 삶에도 평생 영향을 미친다고 한다. 어린 시절, 부모로부터 당연히 받아야 했던 적절한 돌봄과 사랑을 받지 못했다면, 그 결핍은 마음의 상처로 남아 무의식은 그 상처를 치유하려는 열망을 품게 된다. 성인이 되어서도 어린 시절의 결핍을 채우고 상처를 치유 받고 싶은 '성공 욕구'가 늘 마음 밑바닥에서 꿈틀댄다.

그런 순간마다 우리의 무의식은 속삭인다.

'걱정하지 마, 내가 너를 위해 네 부모와 아주 유사한 복제품을 찾아줄 테니.'

이처럼 부모의 이미지를 지닌 사람에게 인도되어 결혼에 이르게 되는 과정은 내면의 해결되지 않은 상처를 치유하기 위한 '무의식의 사명'이라고 말할 수 있다. 그렇다면 과연 내 안의 무의식은 어떻게 작동하는가?

의식적으로는 '나는 우리 아빠 같은 사람은 절대 안 만나'라고 결심해도 어릴 적 부모로부터 받았던 상처를 치유하려는 무의식은 자신의 부모와 유사한 이미지를 지닌 사람을 찾는다. 특히 부모의 이미지 중 자신의 결핍을 초래한 부정적인 부분을 닮은 대상을 찾아내어 사랑에 빠지게 된다. 치유를 통한 자기완성이라는 '성공 욕구'를 충족하기 위해 부모가 자신에게 상처를 주었던 방식대로 자신에게 상처를 주는 사람을 배우자로 선택함으로 '이마고 짝 맞추기(IMAGO match)'를 실현하며 무의식은 안도한다.

일단 부모와 비슷한 유형의 배우자를 만나게 되면 배우자를 통해 어릴 적 부모로부터 받지 못한 결핍과 욕구를 채우려고 시도한다. 즉, 부모로부터 받은 관계적 상처를 부부 관계에서 재현하면서 자신의 욕구를 충족시키고자 배우자와 힘겨루기(power struggle)에 돌입한다. 관계 방식을 자신이 원하는 방식으로 바꾸어 상처를 치유 받으려고 시도하지만, 자신에게 상처를 주고 아프게 했던 부모의 이미지를 지닌 배우자에게 같은 방식으로 상처를 받게 되면 다시 한번 좌절하게 된다.

이처럼 과거에 상처받았던 상황을 재현하여 치유 받고 싶은 무의식의 사명은 어릴 적 부모님과의 관계 경험을 부부 관계에서 되풀이하며 자신의 상처를 덧나게 한다. 어린 시절 자신을 보호하기 위해 사용했던 방어기제를 다시 꺼내쓰며 마음의 구멍을 키우고 세상에 대한 자신의 왜곡된 신념을 재확인한다.

"당연히 무가치한 나를 버릴 거야, 당신도 우리 부모랑 똑같아."

"역시 세상은 안전하지 않아, 믿을 수 있는 사람은 나밖에 없어."

"사랑을 한다는 것은 너무 위험해, 나만 상처받을 뿐이야."

어린 시절 부모와의 관계 경험을 부부 관계에서 재연하려는 무의식의 강박적인 충성심이 안정형은 안정형을. 불안정형은 불안정형을 선택하게 만든다.

우리 내면의 오래된 상처가 치유되지 않는 한 우리의 무의식은 계속해서 같은 일을 반복한다. 치유와 자기완성을 위해 상처 준 부모의 이미지를 지닌 사람을 찾아 성공 경험을 시도하다 실패의 쓴잔을 맛보며 비탄에 빠진다. 그 이후 다른 만남을 가져도 그 관계 역동은 비슷하다. 어린 시절 부모와의 관계에서 아직 끝나지 않은 작업, 미해결과제가 남아 있는 한 유사한 관계 패턴과 상호작용에서 벗어나지 못하기 때문이다.

늘 함께할 수 있는 따뜻한 배우자를 원했던 태라

　어린 시절 태라의 아버지는 빈번한 출장으로, 어머니는 잦은 병치레로 태라 옆에 있어 주지 못한 때가 많았다. 부모의 빈자리가 차지했던 크기만큼 버림받음에 대한 불안이 태라의 마음 한가운데 남아 있었다. 태라는 성장하면서 늘 그녀와 함께할 수 있는 따뜻하고 공감적인 동반자를 자신의 이상적인 배우자감으로 그려왔다.

　그녀의 무의식은 자신의 관계적 불안과 존재적 무가치함을 잠재워 줄 그런 사람을 찾아다녔다. 마치 분신처럼 항상 같이 있으면서 매사에 모든 것을 태라의 뜻에 맞춰 주는 그런 사람. 그래서 선택한 사람이 현우였다.

　연애 시절, 현우는 늘 그랬다. 태라가 원할 때마다 그 자리에 있었다. 태라의 재잘거림을 다 들어주고 그녀가 원하는 대로 따라주었다. 싫다 좋다 자신의 감정을 잘 표현하지 않는 현우와 같이 있을 때면 태라는 마치 자신의 그림자와 동행하는 듯 모든 것이 순조롭고 편안했다. 자기 마음대로 뭐든지 할 수 있었지만 혼자가 아니었고, 든든한 현우와 같이 있었기에 더욱 신이 나고 행복했다.

　하지만 결혼생활은 연애 때와는 완전히 달랐다. 현우의 과묵함은 더 이상 매력적인 조건이 아니었다. 집에 돌아와 현우와 하루의 일과를 같이 나누고 싶은데 여전히 입을 꼭 다물고 간간이 고개만 끄덕이는 현우의 모습에 태라는 여러 번 화가 치밀어 올랐다.

무엇을 같이 상의해서 결정하려 하면 현우는 마치 자신은 의견이 없는 사람처럼 '당신 좋을 대로 해, 난 아무래도 괜찮으니까!'라고 대꾸하며 모든 일을 태라에게 일임했다. 하지만 사소한 것부터 중요한 것까지 무엇을 결정한다는 것 자체가 태라에게는 가장 힘든 일이었다. 무심한 현우의 태도가 자신을 하찮은 존재로 여기고 무시하는 것처럼 느껴져 태라를 우울하고 외롭게 만들었다.

태라의 부모를 닮은 현우

그런데 돌이켜 보면 그건 왠지 익숙한 장면이었다. 어렸을 때 엄마 아빠와 한 공간에 있는데도 불구하고 마치 아무도 없는 것처럼 태라 혼자 떠들며 침묵을 메우던 아픈 기억이 떠올랐다. 부모님은 항상 태라의 이야기보다 다른 일들에 마음을 뺏겨 있는 것처럼 보였다.

태라는 부모님이 자신에게만 집중하고 반응해 주기를 원했는데 부모님은 그럴 기미가 보이지 않는다는 것이 늘 서운했다. 그런데 지금 현우의 무심함은 부모님의 무심함 그 이상으로 다가오며 태라를 훨씬 더 외롭고 비참하게 만들었다.

연애 때는 몰랐었는데 결혼하고 보니 현우는 참 아빠를 많이 닮아 있었다. 말수가 적고, 일이 중요하고, 자신만의 경계가 분명한 점이 그랬다. 아빠는 매번 출장에서 돌아오실 때마다 태라를 위한 선물을 잊지 않고 사 오셨지만, 가족과 시간을 보내는 것보다는 늘 일을 중요하게 생각하신 분이었다.

태라를 위해 할애된 시간은 퇴근 후 저녁 식사 전까지 주어진 5~10분 정도에 불과했다. 학교생활은 어땠는지, 공부는 어렵지는 않은지, 그리고 갖고 싶은 것은 없는지 묻고 대답하는 단답형의 대화가 전부였다.

엄마 역시 태라에게 물질적으로 필요한 것들은 부족함 없이 채워주셨다. 몸이 안 좋을 때도 태라가 늘 따뜻한 식사를 할 수 있도록 신경을 써주셨다. 하지만 태라는 엄마에게 선뜻 다가갈 수 없었다. 엄마에게서 거리감이 느껴졌기 때문이다. 태라가 엄마에게 다가가 안기려 하면 엄마는 피곤해서 좀 쉬고 싶다면서 그녀를 슬그머니 밀어냈다. 엄마는 모든 것이 정돈되어 있는 조용한 분위기를 좋아하셨기 때문에 태라역시 철이 들면서 자신의 방이나 물건들이 어질러지지 않도록 조심했고, 목소리를 낮춰 엄마의 심기를 불편하게 만들지 않으려고 애쓰며 지냈다.

그런데 현우도 그랬다. 정돈된 자기만의 공간을 가지고 싶어 했고, 그것이 현우에게는 굉장히 중요했다. 태라의 멈추지 않을 것 같은 수다에 현우는 점점 더 쉬이 지쳐가며 등을 보였다. 다른 사람들 앞에서는 과하게 애정 표현하는 것을 꺼렸고, 때로는 어른들 앞에서는 팔짱을 끼고 매달리는 것조차 부담스러워했다.

신혼집 준비를 위해 가구를 고를 때도 현우는 트윈 침대를 원했다. 어려서부터 오랫동안 혼자 지내왔기 때문에 혼자 자는 것이 익숙하고 편하다며 태라의 양해를 구했다.

하지만 남편의 팔베개를 하고 잠드는 게 로망이었던 태라는 이해할 수도, 양보할 수도 없는 부분이었다. 부부는 한 침대에서 다리를 하나씩 걸쳐가며 자야 하는 거라고 우겨가며 크기가 넉넉한 킹사이즈 침대로 절충안을 내세워 타협했다. 하지만 부부 관계를 마친 후에 바로 일어나 일을 하거나, 자신으로부터 등을 돌리고 빠르게 잠에 빠져드는 현우가 태라에겐 너무 멀게 느껴졌다.

회피형 배우자의 관계 패턴

자신만의 세상에서 살아 온 회피형은 배우자의 마음에 공감하고 배려하기보다는 자신에게 닥칠 불편함에 먼저 마음을 쓴다. 배우자가 의지할 만하지 않고, 도움이 되지 않는다고 생각하는 이들은 힘든 상황에서 혼자 고민하며 문제를 키워간다. 반대로 배우자가 힘들어하거나 도움을 청할 때 위로나 격려의 말을 건네기가 어렵다. 문제는 혼자 해결하는 것이라는 신념 때문이기도 하지만 정작 위로하는 법을 모르는 탓이다. 이러한 태도는 배우자로부터 관계를 위해 전혀 노력하지 않는다는 비난을 종종 듣게 만든다.

이들은 자신이 원하는 바를 제대로 전달하지 못하는 불분명한 의사소통으로 오해를 만들거나 제삼자를 통한 의사전달로 관계를 어렵게 만든다. 부부 관계에서 문제가 생길 때마다 그 상황에서 철수하거나 회피함으로써 상대방을 무기력하게 만들어 부부간 신뢰를 훼손시킨다. 불편한 감정을 무시하고 방치했다 한순간에 결혼생활을 와해시키기도 한다.

자신만의 공간과 경계를 중요시하는 회피형은 부부 침대조차 따로 쓰고 싶어 한다. 성관계 역시 자신의 욕구 해결이나 육체적 만족을 위한 유희적인 요소로 가볍게 여기는 경향성도 보인다. 관계를 마치면 배우자로부터 바로 등을 돌리는 거부적인 태도를 보임으로 배우자를 외롭게 만들어 부정적인 정서를 강화한다. 상대방의 마음에 생채기를 내면서 그 아픔을 자신의 것으로 도로 되받아낸다.

섬세하게 자신을 배려하고 돌보는 배우자를 원했던 현우

현우의 부모는 어린 현우를 바쁘다는 핑계로 방임했다. 관심과 돌봄 대신 잔소리와 통제 속에서 자란 현우는 자신이 늘 작고 초라하게만 느껴졌다. 감정이나 원하는 걸 자유롭게 표현하지 못했던 현우는 자기 부모와는 달리 따뜻하고 배려심 많은 동반자를 원했다.

자신만의 공간이 중요하고 무심한 듯 보이는 현우에게는 언뜻 어울리지 않는 바람처럼 보이지만 적어도 현우의 무의식은 그래왔다. 태라를 처음 만났을 때 현우를 편하게 해주려던 그녀의 세심한 배려와 공감하는 태도가 호감으로 다가왔던 이유도 그런 무의식의 발로였다.

현우의 기억 속에서 결혼 전 태라는 현우가 망설일 때 먼저 전화를 걸어와 다음 만남을 자연스럽게 이어가고, 현우가 어색해하는 부분도 먼저 처리해주었다. 다음 데이트 장소와 식당까지 예약해 데이트를 리드했고, 현우의 서툰 말솜씨에도 늘 깔깔거리며 유쾌하게 반응해 주는 그녀가 사랑스러웠다.

언젠가는 프로젝트 막바지에 밤샘 작업으로 집에 들어가지 못한 현우를 위해 일부러 양말과 와이셔츠, 밤참까지 준비하여 회사로 가져다주는 배려로 감동을 주기도 했다. 어머니에게서는 한 번도 받아보지 못한 관심과 돌봄이었다.

하지만 이러한 배려와 자상함이 결혼하고 나서는 자신의 부모가 했던 방식 그 이상의 통제와 간섭으로 느껴지는 것은 어떻게 설명해야 할까? '여우 피하려다 호랑이 굴에 들어간다'라는 옛 속담이 문득 떠오르며 현우는 불길한 느낌에 사로잡혔다. 모든 것이 혼란스러웠다.

결혼하는 순간부터 태라는 자신이 원하던 모습의 동반자가 아니었다. 그녀가 자신을 배려한다고 느꼈던 행동들은 사실 태라가 연애를 하면 꼭 해보고 싶었던 버킷 리스트에 있었던 항목들이었다. 데이트 때 가보고 싶은 레스토랑, 한강 변에서의 치맥, 야근하는 남자친구 회사에 도시락 싸 들고 찾아가기 등등. 신혼여행에서부터 대놓고 시작된 태라의 끊임없는 요구들은 현우를 서서히 지치게 만들기 충분했다.

현우의 부모보다 현우를 더 통제하려는 태라

신혼여행 때 꺼내 들었던 수첩과 각종 리스트, 그때부터였다. 현우가 태라를 낯설다고 느낀 것은. 결혼 전에는 그리 심각하지 않다고 생각했던 SNS 중독도, 결혼 후에 더 심해졌다. 그저 사진 찍는 것을 좋아하는구나, 귀엽고 예쁜 것을 보면 지나치지 못하는 것은 태라가 외동딸로 풍족하지만 외롭게 자란 탓이겠거니 했는데 시간이 지날수록 그녀는 과시욕과 물욕으로 똘똘 뭉쳐진 사람 같아 보였다.

매 소비의 순간, 매 감정의 변곡점마다 그냥 지나치지 못하고 어떤 식으로든 그것을 SNS에 표출하고 사람들의 공감을 바랐다. 태라는 그녀의 사진과 글에 '좋아요'나 '하트'를 눌러주는 사람들을 '이웃'이라고 불렀다. 전혀 따뜻하지도, 오래 봐온 것도 아닌 금속성의 액정 뒤 이웃들에게 왜 그렇게 잘 보이고 싶은지 태라는 끊임없이 물건들을 사들이고 그것들을 예쁘게 늘어놓는 데 열중했다.

가끔 현우를 옆에 세워 사진을 찍기도 했다. 사진을 찍는 게 익숙하지 않은 현우는 그때마다 얼굴을 살짝 찡그리며 뒤로 물러났지만, 태라는 그에게 웃을 것을 요구했다. 어색한 표정으로 웃는 현우와 태라의 커플 사진은 몇 분 후면 어김없이 보정을 거쳐 그녀의 SNS 계정에 업로드되어 있었다.

"언제까지 이 짓을 할 거냐고!"

장난으로 물었다가 태라가 눈물을 쏟았던 날이 있었다. 짓이라니, 짓이라니. 태라는 조그만 말 하나에도 예민했다.

결혼 전 환상이 무너지며 생겨나는 갈등 상황에서 현우는 어릴 적 부모의 간섭과 통제에서 자신을 지켜내던 방어기제를 사용해보았지만, 그 방법은 태라에게는 통하지 않았다. 부모의 눈길을 피해 자기 방에서 은둔하며 대화를 피하던 현우의 대처법은 태라에게 먹히지 않았고, 오히려 상황을 악화시켰다. 사랑하는 사람이 항상 눈앞에 있지 않으면 버림받았다고 느끼는 태라에게 현우의 회피 전략은 그녀를 더욱 불안하게 만들어 극단적인 행동으로 몰아갈 뿐이었다.

부모의 통제와 거절의 상처로부터 자신을 보호하고자 어린 현우가 취했던 방식은 오히려 태라를 위협해 현우에게 더욱 날카로운 발톱을 세우게 했다.

처음엔 현우가 변했다는 불평으로 시작하여 나중엔 이렇게 사느니 차라리 죽어 버리겠다는 협박으로 마무리되는 태라의 패턴, 끝내는 파국적인 결말로 치닫는 부부싸움이 현우는 정말 끔찍하고 소름 끼쳤다. 그럴 때마다 '내 발등을 내가 찍었구나'라는 때늦은 후회가 가슴 밑바닥에서부터 밀려왔다.

불안형 배우자의 관계 패턴

  자기 표상이 부정적인 불안형은 긍정적인 면보다 안 좋은 상황에 주목하여 부부간 갈등을 증폭시킨다. 배우자의 행동이 조금만 변해도 아주 민감하게 반응한다. 이러한 갈등 상황에서 침묵하거나 대수롭지 않게 여기는 배우자의 행동을 위협적으로 받아들여, 강한 비판과 요구로 관철된 극단적이고 파괴적인 정서 표현으로 부부 관계를 저해한다. 이들은 자신이 원하는 결과를 얻기 위해 자신의 상처를 과장하거나, 매달리고 공격하는 태도를 취한다.

  이들은 의사소통에서도 일방적이고 자기방어적이라서, 문제의 시작이 배우자의 잘못이라고 몰아간다. 자신의 마음을 솔직히 표현하기보다는 배우자가 알아차려 주기만을 기다렸다가 그렇지 못하면 실망하고 배우자를 원망한다. 문제가 생겨도 배우자와 대화를 나누려는 시도도 하지 않고 미리 혼자 결론을 내린다. '저 사람은 더 이상 나를 사랑하지 않아'라고 속단하고 혼자 토라진다.

  불안형은 성생활 역시 폐쇄적이고 자기중심적이다. 친밀감을 자주 표현하지만, 버림받을지도 모른다는 두려움과 충분히 사랑받지 못하고 있다는 불안감에 종종 배우자의 사랑을 의심한다. 극도의 불안으로 인한 집착이 성적 흥분으로 표현되거나 자신이 갈망하는 친밀감을 성관계를 통하여 확인하려 한다. 이들은 성생활을 자신이 원하는 바를 쟁취하기 위해 배우자를 통제하는 수단으로 사용하기도 하기에 부부간 갈등이 생겼을 때 성관계를 통해 갈등을 무마하려 시도한다. 이들 역시 부부 관계를 자신의 욕구를 충족하는 유희적 도구로 전락시키기도 한다.

CHAPTER
05

행복한 결혼을 위한 변화의 여정

상처가 치유되어야 비로소 어른이 될 수 있다

서로 사랑해서 행복하기 위해 결혼했지만 결국 서로를 증오하고 관계를 훼손시켜 불행해지는 사람들이 있다. 자신이 누구인지, 평생을 같이할 배우자가 어떤 사람인지 제대로 알지 못한 채 잘못된 선택을 한 탓이다. 그러므로 사랑하기 전에, 나의 반쪽을 찾기 전에, 나의 결핍이 무엇인지, 내 마음의 상처는 무엇인지 들여다보아야 한다. 아픈 첫 기억을 거슬러 올라가 해결되지 않은 상처를 먼저 치유해야 한다.

어린아이로서는 도저히 감당할 수 없었던 어릴 적 상처를 어른이 된 지금이라도 알아주고 보듬어야 한다. 그 상처를 대수롭지 않게 여기고 임시방편으로 반창고만 붙여버리면 겉으로는 딱지가 앉아 나은 듯이 보이지만 안에서 점점 곪아가다 예기치 않은 때에 고름이 터져 나오는 고통의 순간을 맞게 된다. 상처를 치유해야 비로소 건강한 사랑을 할 수 있게 된다. 자신이 온전해져야 안정된 배우자를 만나 행복한 가정을 이룰 수 있다.

이미 지나간 과거를 바꿀 수는 없지만, 과거의 경험에 대한 나의 해석과 관점은 바꿀 수 있다. 어른이 된 지금, 오랫동안 나를 아프게 했던 과거의 상처 찌꺼기인 고름을 짜내는 아픔쯤은 감당할 수 있어야 한다. 좀 더 깊은 상처라면 과감히 메스를 대고 살을 찢는 고통을 감내해야 할지도 모른다. 그런 수술의 과정을 통해 상처가 아물어 새 살이 돋아나는 시간을 보내야만 비로소 건강한 사랑을 이루어갈 수 있다.

　　과거의 상처가 치유되면 차츰 자신과 타인, 그리고 세상을 바라보는 마음의 렌즈도 달라진다. 움츠러드는 자신을 괜찮다며 도닥거리고, 타인과의 관계에서도 불안이나 두려움에서 벗어나 '진짜 자기'로 마주하게 된다. 세상을 향해 당당히 자신의 목소리를 낼 수 있게 된다. 이제 누군가 상처를 주어도 스스로 치유하는 능력을 지니게 된 것이다.

애착유형의 변화 가능성

애착유형을 분류하는 내적 표상에 관해 연구했던 데이비드 월린 (David Wallin)은 안정애착을 형성할 수 있는 경우를 다음과 같이 세 가지로 설명했다. 어린 시절 부모와의 관계 경험이 좋았거나, 성장하면서 안정형인 제2의 애착 대상을 만났거나, 혹여 그렇지 못했더라도 정신화를 통해 성찰 능력을 훈련한 경우다.

첫째, 주영처럼 어릴 적 양육자와 따뜻하고 안정된 관계를 경험한 경우다. 언어 습득 이전의 0~3세까지의 초기 관계 경험이 자기 조절력과 대인관계 능력, 세상을 바라보는 관점에 영향을 주기 때문에 이 시기에 부모로부터 충분한 사랑과 지지를 받은 사람은 대체로 성격이 안정적이다.

안정형 부모는 공감 능력이 뛰어나다. 부모가 자신의 감정에 대해 공감해줄 때 느껴지는 연결감은 아이가 자신의 감정을 받아들이고 조절할 수 있는 능력으로 이어져 안정애착의 근간을 형성하게 된다. 이들은 타인의 아픔에도 공감적으로 반응하며, 세상을 향한 시선 역시 긍정적이다.

이렇게 자란 안정형은 훗날 다소 힘든 상황을 만나더라도 어려움을 극복할 수 있는 내면의 힘이 있다. 역경과 고난도 꿋꿋이 이겨내고 오히려 그 경험을 발판 삼아 더 높이 도약한다. 어릴 적 따뜻하게 공감해주는 부모로부터 지지받은 긍정적인 경험이 복원력과 연관된 뇌의 부위를 지속해서 자극하여 '**회복탄력성**'을 강화한 결과다.

'회복탄력성(reselience)'이란 원래 제자리로 되돌아오는 '회복력' 또는 높이 튀어 오르는 '탄력성'을 뜻하는데 심리학에서는 역경을 극복하고 환경에 적응하여 정신적으로 성장하는 능력을 의미한다. 심리적 면역력이라고 불리는 회복탄력성은 기질적으로 타고난 부분도 있지만, 부모와의 애착 경험에 의해 영향을 받는다. 실패를 두려워하지 않는 마음에서 오는 회복탄력성은 어린 시절 두려움을 야기할 만한 상황에서 부모로부터 공감과 위로받은 경험으로 강화되기 때문이다.

반면에 생애 초기 부모와의 반복된 부정적인 경험은 스트레스에 반응하는 유전자를 공격하여 크고 작은 스트레스에 취약하게 만든다. 즉, 스트레스 자극에 적절히 대처할 수 있도록 돕는 코티솔 수용기의 유전자가 줄어들어 스트레스 상황을 통제하기가 마음처럼 쉽지 않다. 그만큼 역경에 대처하는 능력이 손상된 이들은 사소한 문제에도 쉽게 좌절하고, 실수를 두려워하여 어려운 일을 만나면 중도 포기한다. 회복탄력성이 낮아 고난을 이겨 낼 수 있는 마음의 근육이 무력화된 탓이다.

둘째, 세원처럼 부모와의 관계 경험이 부정적이더라도 아내 주영과 같은 안정적인 제2의 애착 대상을 만난 경우다. 긍정적인 내적 표상을 지닌 제2의 애착 대상과 지속해 신뢰할 수 있는 관계를 형성하면 애착이 안정화된다.

물론 어려서부터 부모와의 지속적인 관계를 통해 형성된 오래된 뇌의 구조를 바꾼다는 것은 결코 쉽지 않다. 하지만 우리의 뇌는 새로운 경험을 하면 그에 대응하는 새로운 신경망을 생성할 수 있다. 뇌 신경망이 유동적으로 변하는 '신경가소성'의 원리에 의해 새로운 관계 경험은 기존에 형성된 애착 패턴을 변화시킨다.

'신경가소성(neuroplasticity)'이란 인간의 뇌가 낯선 경험에 반응하여 새로운 신경연결을 만들어 새로운 신경(neuron)을 자라게 하는 능력을 말한다. 이 능력은 생애 초기에 가장 강력하지만, 모든 연령대에서 작용한다. 즉, 인간의 뇌는 새로운 경험에 반응하면서 죽을 때까지 성장을 멈추지 않으므로 환경이 바뀌면 언제든지 변화는 가능하다.

예를 들어 자녀를 방임하거나 정서가 불안정한 어머니 대신 사랑이 많은 할머니, 이모, 손위 형제와 같은 가족의 돌봄을 받을 수 있다면 애착은 안정화될 수 있다. 제2의 애착 대상과의 안전한 관계를 통해 굽어지려던 마음의 길이 다시 올곧게 뻗어나갈 수 있기 때문이다.

하지만 가족 내에서도 이러한 안전과 위로를 경험하지 못했다면 성장하면서 만나게 되는 친구, 선생님, 상담자, 배우자 등이 안전한 제2의 애착 대상이 될 수 있다. 그들에게 건강한 관계 방식을 배우게 되면 불안정한 애착을 형성했던 신경망은 점점 쇠퇴하고 안정애착을 형성하는 새로운 신경망이 활성화되면서 애착은 점차 안정화된다.

셋째, 자신에 대한 '성찰적 태도'를 지닌 경우다. 이는 자기 경험을 조금 떨어져 관찰하고 객관적으로 해석하는 '상위인지적 감찰 기능(metacognitive monitoring)'으로 대인 관계적 사건을 돌아보는 능력과도 연결되어 있다. 이러한 성찰적 태도로 부정적인 경험조차 다른 관점으로 바라보고 긍정적으로 재해석하면 쉽게 마음의 평정심을 되찾을 수 있다. 이러한 성찰 훈련을 반복하면 애착 역시 안정화된다. 이는 경험 자체보다 경험을 바라보는 태도가 애착의 질을 결정하는 내적 표상에 영향을 미치기 때문이다.

이처럼 나의 마음이 내가 경험하는 세상을 만들어간다는 사실을 깨닫게 되면 무엇보다 자신의 마음에 집중하게 된다. 낙심하거나 위축되지 않고 자신과의 대화를 통해 의미를 찾고, 상대방의 마음과 그때의 상황을 이해하려고 살피는 성찰적 태도가 내적 표상을 변화시켜 애착의 안정화를 촉진한다.

위에서 살펴본 안정애착을 형성할 수 있는 세 가지 경우 중 어릴 적 부모와의 경험은 다시 돌이킬 수 없는 부분이다. 하지만 제2의 애착 대상과의 만남 또는 성찰 능력에 의한 내적 표상의 변화 가능성은 충분히 열려 있으므로 누구나 시도할 수 있다.

제2의 애착 대상과의 만남으로 획득된 안정형

우리는 모두 과거로부터 자유로울 수 없다. 어린 시절 부모와의 관계 경험으로 형성된 애착은 내적 표상을 통해 지속적인 영향력을 행사한다. 오랜 시간 익숙한 마음의 길로 자리 잡은 내적 표상은 쉽게 변하지는 않지만 변화가 불가능한 것 또한 아니다.

애착 패턴은 일단 한번 형성되면 지속되는 경향성이 높다. 하지만, 타고난 유전자는 아니기 때문에 외적 환경의 변화에 따라 수정이 가능하다고 보고된다. 성장하면서 만나게 되는 제2의 애착 대상과의 새로운 관계 경험이 첫 애착 대상이었던 부모와의 애착으로 형성된 기존의 내적 표상을 변화시킬 수 있기 때문이다.

이처럼 불안정한 애착유형이 안정형인 제2의 애착 대상을 만남으로써 안정애착으로 변화되는 경우를 '**획득된 안정형**(earned secure)'이라고 말한다. 안정형 아내 주영을 만나 애착이 안정화되면서 행복한 삶을 사는 세원의 경우가 획득된 안정형으로 변화하는 과정을 잘 보여준다.

획득된 안정형, 세원

세원의 어린 시절 기억은 나름 행복했다. 아버지는 바깥일로 바쁜

셨지만, 어머니는 늘 곁에서 세원을 돌봐주셨다. 그러던 어느 날, 아버지의 사업이 실패하면서 모든 것이 달라졌다. 세원이 초등학교 2학년 때 갑자기 집 안에 빨간딱지가 붙고 온 식구가 하루아침에 거리에 나앉는 신세가 되었다. 도움을 받을 만한 친척도 없었던 세원의 가족은 모텔을 전전하다 허름한 반지하 단칸방을 얻어 지내게 되었다.

그 이후부터 아버지는 술독에 빠져 지내면서 가족들을 괴롭혔다. 폐인처럼 집에만 처박혀 지내시는 아버지 대신 가족 생계를 위해 어머니는 새벽부터 밤늦도록 무슨 일이든 가리지 않고 하셨다. 아버지는 그런 어머니를 아침마다 막아서며 실랑이를 벌였다. '꼭두새벽부터 어떤 놈을 만나러 나가냐……,' 부모님의 잦은 부부싸움으로 인해 세원은 늘 불안하고 두려웠다. 아버지가 집에 계시는 한, 세원에게 안전한 공간은 없을 것처럼 느껴졌다.

"너 때문에 되는 일이 없어. 이 재수 없는 놈, 술 가지고 와!"

아버지의 원망 섞인 저주를 늘 듣고 살았던 세원은 자신이 재수 없는 놈이라 집안의 모든 나쁜 일들이 생긴 것이라고 믿었다. 자신이 사라지면 가정의 불행이 다 끝날 것만 같았다. 불행을 불러오는 자신이 너무 밉고 쓸모없는 존재로 느껴졌다.

하지만 세원이 기가 죽어 우울해할 때마다 "착하고 똑똑한 우리 아들 덕분에 엄마가 힘든 줄 모르고 산다"라는 어머니의 다독거림이 세원에게는 큰 힘이 되고 격려가 되었다. 세원은 '엄마 말대로 똑똑한 사람이 되어 아빠 때문에 고생하시는 우리 엄마를 호강시켜 드려야지'라는 목표를 갖게 되었다. 어려운 환경에서도 공부에 전념했던 세원은 대학을 졸업하고 자신이 꿈에 그리던 직장에 인턴으로 일할 기회를 잡았다.

모든 일이 순조로워 보였지만 세원에게는 항상 두 마음이 자리다

툼 하고 있었다. 평소에는 '난 지금까지 잘 해왔고 앞으로도 잘할 수 있어'라는 긍정적인 자아상이 자리 잡고 있었다. 하지만 조금이라도 일이 잘 안 풀리면 '아버지의 말씀대로 난 재수 없는 놈이라서 안 되나 봐'라는 부정적 자아상이 삐죽이 고개를 내밀며 세원의 자존감에 흠집을 냈다.

인턴 시절에도 조금만 위축되는 상황이 되면 '재수 없는 놈이 하는 일이 다 그렇지 뭐, 내가 뭘 할 수 있다고'라는 자괴감에 선뜻 자기 의견을 내세우지 못하고 눈치만 살폈다. 하지만 세원이 참가한 프로젝트 책임자였던 지금의 아내 주영을 만나게 되면서 왜곡되고 부정적이었던 자아상이 조금씩 수정되기 시작했다.

주영은 자신 없어 선뜻 나서지 못하던 세원을 서두르지 않고 기다려주었다. 아직 팀원 보조 역할을 하며 일을 배우는 인턴이었던 세원을 믿고 선뜻 프로젝트 일부를 맡기기도 했다. 세원이 일을 하다 도움을 청하면 언제나 친절하게 도와주었다.

"사소한 성과에도 칭찬해 주고 나도 모르던 나의 장점을 찾아내어 격려해주는 주영 씨 앞에서 저도 서서히 당당해지고 멋있는 남자로 변해 갔어요. 능력 있고 성격까지 좋은 주영 씨를 아내로 맞게 된 것은 저로서는 큰 행운이고, 제 아내는 무엇과도 바꿀 수 없는 가장 좋은 선물입니다."

세원의 고백이다.

물론 두 사람의 결혼생활이 항상 좋았던 것은 아니었다. 신혼 초에 잘나가는 아내와 비교하며 열등감을 느꼈던 세원은 예전의 못난 모습을 드러내며 한때 부부 관계를 위기로 몰고 갔다. 하지만 아내 주영의 제안으로 부부 상담을 시작했고 부부 상담은 자신의 성장 과정과 그 안에 담겨있는 상처를 돌아보는 개인 상담으로 이어졌다.

"처음엔 상담에 대해서는 거부감이 있었어요. 무엇보다 잘 알지도 못하는 사람 앞에서 자신의 이야기를 한다는 것도 불편했고……. 하지만 아내가 간곡히 청했기 때문에 빨리 해치워야 하는 숙제쯤으로 여기고 상담을 시작했어요. 처음엔 우리 부부 문제로 시작했던 상담이 어느 정도 오해가 풀리고 나니, 상담 선생님이 저만 따로 개인 상담 시간을 가져보면 어떻겠냐고 권하셨어요. 아내가 보는 앞에서 자신의 치부를 드러내는 것보다는 낫겠다 싶어 동의했지만 사실 별 기대는 없었어요. 그런데 결과는 의외였습니다. 한 번도 누군가에게도 말할 수 없었던 과거의 상처들을 꺼내 놓게 되면서 많이 울었고, 울었던 만큼 가슴이 후련해지는 것을 느꼈어요. 혼자 마음에 담아 두고 애써 외면했던 기억들이었는데 그렇게 상담 선생님께 말하고 나니 혼재된 감정이 정리되면서 훨씬 편해졌어요. 전처럼 이유도 모른 채 화를 내는 일도 적어져 아내와의 관계도 많이 좋아진 것 같아요."

상담자는 그냥 그 자리에서 이야기를 들어주고 공감적으로 지지하며 반영해준 것뿐인데 스스로 치유되는 경험이었다는 고백이다. 하지만 이렇게 간단해 보이는 일들이 혼자서는 쉽지 않다. 자기 경험이지만 그 경험에 붙어 있는 부정적인 정서를 다시 경험하기가 두려워 대부분은 방치하거나 억압하기 때문이다.

누르면 누를수록 스프링이 높이 튕겨 오르듯이 눌러 놓은 상처 역시 항상 기회를 엿보면서 밖으로 표출되려 하므로 무의식은 늘 긴장한다. 비슷한 상황이 전개되면 과거의 상처까지 힘을 가세하여 현재의 감정에 분노를 배가시킨다. 상대방은 혼란스러워하고, 상황에 맞지 않게 과도하게 화를 낸 자신도 이유를 몰라 당황한다.

하지만 상담자의 도움을 받아 그동안 묻어 두었던 과거의 상처를 돌아보고 알아주면 그토록 두려워했던 부정적인 감정의 민낯을 보게 된다. 나의 감정인데도 애써 무시해 온 감정들에 "너는 슬픔, 너는 수치심, 너는 절망"이라고 이름을 붙여 주고 "그때 많이 힘들었지?"라고 자신을 보듬어주면 상처의 흔적들이 조금씩 옅어진다. 마치 이것저것 처박아 두어 뒤죽박죽인 장롱 속을 정리하고 나면 필요한 물건을 바로 찾을 수 있는 것처럼, 억압된 감정이 정리되면 이유 없이 화를 내거나 우울감에 빠지는 일이 줄어든다.

이러한 과정을 거치면서 어둡고 스산했던 마음의 밑그림이 수정되고 그 안은 밝고 따뜻한 색들로 채워진다. 도저히 혼자서는 직면할 수 없었던 아픈 기억을 상담자가 안식처와 안전기지가 되어 같이 탐색하고 정서적으로 재경험할 수 있도록 도왔기에 가능한 일이다.

이처럼 상담자와의 지속적인 신뢰 관계를 통해 자신에 대한 이해와 수용이 깊어지다 보니 세원은 자신에게도 좀 더 너그러워지고, 아내 주영과의 관계뿐 아니라 다른 사람들과의 관계도 편해졌다. 세원은 상담자의 도움으로 결혼생활에서의 한고비를 넘겼고 과거의 상처도 당당히 마주할 힘을 지니게 되었다.

하지만 세원을 변화시킨 가장 큰 원동력은 무엇보다 주영의 사랑이었다. 주영은 세원의 아버지처럼 그를 비난하며 윽박지르는 위협적인 대상이 아니었고, 세원의 흔들림에 예민하게 반응하며 같이 무너지지도 않았다. 주영은 한결같은 태도로 그의 아픔에 공감하고 스스로 극복할 수 있도록 기다려주었다. 그가 잘하고 있는 부분을 놓치지 않고 격려하며 지지했다.

이러한 시간이 쌓여가면서 세원은 서서히 '재수 없는 놈'이라는 왜곡된 자아상에서 벗어나 '사랑받을 만한 괜찮은 사람'이라는 자신의 이미지를 구축해갔다. 이젠 누가 봐도 부러워할 만한 행복한 부부로 새내기 커플들의 고민을 들어주고 조언도 해주는 멘토 역할을 하고 있다. 제2의 애착 대상으로 안정형 배우자를 만났기 때문이다.

이렇듯 안정형 배우자를 만나는 것은 행복한 결혼생활의 가장 중요한 조건이라고 말할 수 있다. 특히 자신이 불안정형일 경우에는 다른 조건들은 조금 양보하더라도 가장 우선순위로 두어야 할 배우자 선택 조건은 안정적인 성품이다. 그래야 불안정한 자신도 안정되어 건강한 가정을 이루어 가게 된다.

애착 기반 심리치료로서의 정신화

애착은 개인의 행복한 일상에 커다란 영향을 미친다. 불안정한 애착은 삶에서 일어나고 있는 중요한 경험을 제대로 느끼고 인식하는 것을 끊임없이 방해한다. 상황이 조금이라도 위협적으로 느껴지면 불안형은 자신의 감정을 과도하게 활성화하고 회피형은 자신의 감정을 무시하며 축소하기 때문이다.

이러한 정서 조절의 실패는 인지를 왜곡되게 발달시킨다. 뒤틀린 생각은 다시 부정적인 정서로 표현되고 부적응적 행동으로 나타난다. 해결되지 않은 어릴 적 결핍과 상처가 인지, 정서, 행동의 정상적인 발달을 막아 신체적 질병과 정서적 장애를 유발한다.

내 마음인데도 바로 알아차리지 못하고 상대방의 마음 역시 제대로 읽어내지 못한다. 그렇다 보니 서서히 관계가 어긋나기 시작한다. 서로를 바라보는 시선이 점점 삐딱해지면서 불협화음이 생겨난다. 이러한 관계 위기가 올 때 자신과 상대방의 마음을 알아차리는 **'정신화'**가 도움이 된다.

'정신화(mentalizing)'란 자신 또는 타인의 생각과 감정을 조금 떨어져 객관적으로 성찰하는 능력이다. 스쳐가는 생각이나 휘몰아치는 감정에 바로 반응하지 않고, 상황을 합리적인 관점으로 바라봄으로 좀 더 긍정적으로 수용하는 일종의 주의 집중 상태다. 정신화를 이해하기 위해서는 내 마음에 두 개의 '나'가 존재함을 인식해야 한다. 하나는 내 느낌과 생각대로 상황에 반응하는 '주관적인 나(subjective self)'이다. 다른 하나는 그 상황을 제삼자의 입장으로 바라보는 '객관적인 나(objective self)'이다. 정신화란 합리적인 '객관적인 나'가 현재 상황에 반응하는 '주관적인 나'를 바라보며 그 생각과 감정이 옳은지를 판단하는 과정이다.

자기 내면에 대한 통찰 능력이자 타인에 대한 공감 능력인 정신화를 통해 자신의 뒤틀린 사고와 정서 상태를 인식하고 수정할 수 있다. 문제는 내 마음인데도 그 안에 담긴 생각과 감정을 객관적으로 들여다보기가 쉽지 않다는 것이다. 특히 상처로 인해 정서와 인지가 왜곡된 불안정형은 더욱 그렇다. 어쩌면 상담자와 같이 훈련된 누군가의 도움이 필요할 수 있다.

양육자와의 안정된 관계를 통하여 아기가 안정애착을 형성하듯이 먼저 상담자와 신뢰 관계를 형성한다. 상담자는 관계적 상처를 안전하게 탐색할 수 있는 안전기지가 되어 그동안 억압해온 과거의 부정적인 경험을 돌아볼 수 있도록 돕는다. 자기 경험이지만 차마 느끼거나 생각해 보려고 하지 않았던 **'알고 있지만 생각해 보지 않은 것들**(Unthought Knowns)'을 마주하는 것이다.

'알고 있지만 생각해 보지 않은 것들'이란 무엇일까? 태라는 지금도 엄마가 전화를 받지 않으면 심장 박동이 빨라진다. 어릴 적 엄마가 눈앞에 보이지 않으면 놀라 심장이 뛰었던 것처럼 성인이 된 지금도 그렇다는 사실은 알고 있지만, 그 이유는 깊이 생각해 보지 않았다. 하지만 자신의 감정을 조금만 들여다본다면 혹여 엄마에게 나쁜 일이 생기지는 않았나 하는 불안과 엄마 없이 혼자 남겨질 두려움에 심장이 요동침을 깨닫게 된다. 남편 현우에게 연락이 없을 때 가장 불안하고 고통스러웠던 이유도 알아차리게 된다.

현우 역시 태라의 잔소리에 화가 치밀어 오는 순간 자신의 감정을 알아주고, 태라의 마음에 공감하는 정신화를 시도했다면 '알고 있지만 생각해 보지 못한 것들'을 들여다 보게 되었을 것이다. 통제의 순간마다 화가 나는 사실은 알고 있었지만, 그 저변에는 엄마의 꾸지람에 위축된 자신의 초라한 모습을 직면하기 두려워 버럭 화를 냈구나 하고 깨닫게 된다. 자신의 무심함이 태라의 불안을 자극했다는 사실에까지 생각이 미치게 된다.

우리는 두렵거나 화가 날 때는 방어적이 되므로 정신화를 하기가 어렵다. 그래서 이렇게 쉽지 않은 과정을 신뢰할 수 있는 사람과 같이 시도해보는 것이다. 믿을 수 있는 누군가에게 오랫동안 묻어 놓은 내 이야기를 털어놓다 보면 몰랐던 새로운 면을 발견하게 된다. 부정적인 감정에만 집중하느라 간과했던 좋았던 기억이 떠오른다. 나의 지나친 과민함 때문에 놓쳤던 상대방의 서운함도 알아차리게 된다. 정신화 과정을 통해 보다 객관적인 시각으로 새로운 이야기를 쓰다 보면 비로소 경험의 실체가 선명해진다.

그러면서 마음속에 뒤죽박죽으로 엉켜 있던 감정과 기억이 조금씩 제 자리를 찾아간다. 퍼즐이 맞추어지듯이 경험이 통합되면서 내면의 상처가 치유되기 시작한다. 내적 경험을 바라보고 상호작용을 해석하는 마음의 중요함을 깨닫게 되는 것이다. 이러한 훈련이 반복되다 보면 혼자서도 자신의 마음을 들여다보며 치유할 수 있게 된다.

하지만 무엇보다 중요한 것은 그 과정에서 그러한 경험을 상처로

밖에 인식할 수 없었던 무의식의 원인을 아는 것이다. 이전의 반복된 사건 속에 드러난 자신의 행동 패턴을 분석하여 어릴 적 부모로부터 받았던 상처가 현재 관계에서도 재현되고, 문제를 확대해석하고 있지는 않은지 돌아보아야 한다. 원인을 알게 되면 이유도 모른 채 몹쓸 감정에 휘둘리는 일이 적어지고 더 이상 같은 고통을 되풀이하지 않게 된다.

정신화는 '신경 가소성'의 원리가 대상과의 관계 경험이 아닌 자신의 노력으로 작동되는 과정이라고 말할 수 있다. 익숙한 습관대로 부정적으로 느끼고 해석할 수 있는 경험을 성찰적 태도를 통해 객관적으로 바라보며 감정을 조율한다. 그러면 새로운 신경세포가 생겨나 긍정적인 상호작용을 하는 새로운 신경망을 구축한다. 다음 경험도 정신화를 통해 기존의 부정적인 신경망 대신 새롭게 구축된 긍정적인 신경망에 연결된다.

반복적인 정신화 훈련으로 경험이 통합되면서 정서적 고통이 완화되어 좀 더 깊은 통찰이 가능하므로 성찰 능력도 강화된다. 성찰로 인한 의식적 사고의 변화가 마음에 새로운 길을 내어 오래된 뇌의 구조를 바꾸고 행동을 변화시킨다. 성찰 훈련으로 감정에 충동적으로 **'반응하는 뇌(reactive brain)'**에서 벗어나 이러한 일이 왜 일어났는지 멈추어 생각하는 **'숙고하는 뇌(reflective brain)'**로 변화의 여정을 시작한 연유다.

상처받는 상황이 생겨도 자기 경험에 대한 사고나 감정에 모순이 없는지 한 걸음 물러나 조망할 수 있게 되고, 이는 타인의 행동을 객관적으로 해석하는 능력으로 이어진다. 이러한 과정이 불안정한 애착 패턴을 해체해 안정애착으로의 기조를 다져간다. 불안정한 애착이 서서히 안정화되어가는 것이다. 마음의 성찰, 즉 정신화의 힘이다.

불안정 애착에서 안정 애착으로의 회복의 과정

　부부 관계의 어려움 역시 불안정 애착의 증상이다. 자신의 결핍이 무엇인지를 모르고, 배우자에 대한 이해가 부족하기에 비슷한 문제가 반복된다. 정신화를 기반으로 부부 관계를 회복하기 위해서는 다음과 같은 노력이 필요하다.

　첫째, 나와 배우자에 대한 이해가 선행되어야 한다. 내가 어떠한 내적 결핍과 관계적 욕구를 가진 사람인지 돌아보아야 한다. 또한 배우자의 성장 배경과 그에 따른 관계적 상처나 채워지지 않은 욕구에 대해 알고자 하는 노력이 필요하다. 현우와 태라처럼 첫 기억을 돌아보며 어린 시절의 결핍과 상처가 무엇인지를 알아가는 과정이 서로를 이해하는 출발점이 될 수 있다.

　둘째, 정신화를 통해 나의 생각과 감정을 돌아보고(자기 지향적 정신화) **배우자의 마음을 성찰**(타인 지향적 정신화)**할 수 있어야 한다.** 서로를 이해하기 위하여 나와 배우자의 마음과 그에 따른 두 사람 간의 관계 방식에 대해 아는 것이 중요하다. 내 생각대로 상대방의 행동을 해석하거나 조종하려 하지 말고 조금 떨어져 서로의 마음을 바라보고 알아주어야 한다.

　셋째, 배우자에게 안전기지가 되어 주어야 한다. 아이가 엄마를 안전기지 삼아 세상을 탐색하듯, 남편이 아내에게, 아내가 남편에게 안전기지가 되어 줄 때 가정이 비로소 편안한 안식처가 된다. 가정에서 에너지를 충전한 부부는 거친 세상으로 나가 자기 능력을 충분히 발휘하며 성장하게 된다.

배우자를 위해 해줄 수 있는 일들

남편과 아내의 욕구가 채워지고 신뢰할 만한 친밀감을 경험할 수 있게 되면 치유는 저절로 일어난다. 치유는 자신의 결핍과 욕구가 채워진 상태를 말한다. 즉, 배우자로부터 자신이 원해왔던 것을 얻으면 치유의 감정을 느낀다.

자신의 불안 때문에 남편에게 집착하는 태라에게 현우가 바로바로 문자에 답해주고 태라가 원할 때 잠시라도 같이 있어 주는 것만으로 태라의 오래된 상처는 치유 받을 수 있다. 현우 역시 태라가 자신의 공간을 존중해 주면서도 자신의 외로움을 조금씩 채워줄 때 더 이상 자신만의 동굴로 숨지 않아도 편안함을 느끼게 된다.

이처럼 배우자가 서로의 결핍을 채워주면 상처가 치유된다. 하지만 아이러니하게도 자신이 배우자의 욕구를 채워주었을 때 자신의 내면적 성장이 일어난다. 다시 말해 상대방에게 채움을 받으면 나의 오래된 상처가 치유되지만, 상대방을 위하여 나의 욕구를 잠시 뒤로하고 그 사람의 결핍을 채워주면 나의 내적 역량이 커지면서 훌쩍 성장한 자신을 마주하게 된다.

우리는 모두 좋은 배우자를 만나야 행복해질 거라고 생각하지만 스스로 먼저 좋은 배우자가 될 때 행복해질 수 있다. 나의 성장과 행복은

먼저 배우자의 필요를 채워주고 섬길 때 비로소 가능하기 때문이다.

안전하고자 하는 마음은 모든 사람의 가장 기본적인 욕구다. 그러므로 가족을 이루어 서로 돌보고 의지하며 안전한 울타리를 만들려고 한다. 하지만 가정 내에서도 안전하다고 느끼지 못하면 쉬이 불안해져 긴장하게 된다.

자신을 몰아세우는 아내가 위협적으로 느낀 현우는 자신을 보호하기 위해 더욱 안으로 움츠러들었다. 어릴 적 안전하지 않다고 생각될 때 사용하던 익숙한 자기방어 속으로 숨어버린 것이다. 그러다 어느 시점에 안으로 눌러 놓은 화가 한 번에 터져 나와 폭발적인 분노로 표출되었고 태라는 그런 현우의 모습에 당황할 수밖에 없었다.

태라 역시 그런 현우의 태도로 인해 불안해지면 과도한 자기 연민에 빠져들며 현우를 밀어냈다. 자신을 위로해달라는 역설적인 표현이었지만 현우는 그런 태라의 마음을 알아차리지 못했다. 결국 두 사람은 사소한 일로 갈등을 고조시키고 위기 상황을 만들었다. 만약 현우와 태라가 조금만 더 배려하여 편안히 기댈 수 있고 위로받을 수 있는 서로의 안전기지와 안식처가 되어 주었다면 서로에게 상처를 주는 감정소모전은 하지 않았을 것이다.

그러므로 상황에 따라 감정이 수시로 변해서 배우자가 불안하지 않도록 자신의 감정을 다스릴 줄 알아야 한다. 배우자의 상황이 좋지 않을 때도 그 사람의 마음을 크게 확대해석하지 않으려는 노력이 필요하다. 조언을 구할 때는 섣불리 충고하지 말고 배우자가 원할 때 반응해 주는 지혜도 요구된다.

또한 배우자에게 자신만의 공간을 허용하는 여유도 필요하다. 결혼해서 부부가 모든 것을 공유해야 한다고 생각하는 것은 비합리적인 신념이다. 에릭 에릭슨(Erik Erikson)은 진정한 친밀감은 두 사람의 관계에서 자신의 정체성을 유지하면서 동시에 상대방의 자율성과 그 사람됨을 수용하고 존중해 줄 수 있을 때 형성된다고 말했다. 부부가 건강한 관계를 형성하기 위해서는 서로의 다름을 인정하고 그 사람만의 기질과 욕구를 수용해 주어야 한다.

자, 이제부터는 배우자의 애착유형에 맞게 반응하자.

불안형은 무엇보다 자신의 불안을 잠재울 수 있도록 민감하게 반응해 주면 다른 것들은 크게 문제 삼지 않는다. 회피형은 자신이 침범당할까 봐 두려워하는 마음을 알아주고 그만의 공간을 허용해 주면 훨씬 편안하게 느낀다. 다른 나라에 가면 그 나라의 언어를 사용해야 소통할 수 있듯이 배우자와 원활히 소통하기 위해서는 배우자의 애착유형에 맞는 언어를 구사할 수 있어야 한다. 특히 비언어적인 소통인 배우자의 목소리, 표정, 몸짓에 주의를 기울여야 한다.

물론 이러한 상호작용이 하루아침에 이루어지는 것은 아니지만 시작이 반이다. 노력하고자 마음먹는 것만으로도 부부 관계가 달라질 수 있다. 관계를 위해 애쓰는 배우자의 마음과 변화의 몸짓을 감지하면 서서히 내 마음도 변화한다. 이처럼 남편이, 아내가 서로의 안전기지가 되어 줄 때 밖에서도 마음껏 도전할 수 있고 가정에서도 기꺼이 아끼며 사랑할 수 있다

회복의 과정

행복한 결혼생활을 영위하기 위해서는 무엇보다 안정형 배우자를 만나는 것이 가장 중요하다고 여러 번 강조했다. 문제는 불안정형은 불

안정형을 알아보고 서로에게 끌린다는 점이다. 불안 수준이 비슷하여 두 사람에게 익숙한 감정을 서로 통하는 느낌이라고 착각한다.

불안정형은 자신의 진짜 모습으로는 거절당할까 봐 자신을 부풀리고 과대 포장하여 또 다른 불안정형인 상대방의 환상을 충족시킨다. 정서 체계가 비슷해서 쇠붙이가 자석에 끌리듯 불안정형은 불안정형에게 끌리게 되어 있어서 안정형을 만나려면 먼저 자신의 애착이 안정화되어야 한다.

하지만 앞서 말했듯이 애착의 안정화는 시간이 필요하다. 결혼은 하고 싶은데 자신의 애착 시스템이 아직 불안정하다면 주변의 안정형 선배나 가족의 소개로 사람을 만나길 권한다.

안정형은 불안정형의 감정 기복에 크게 압도당하지 않는다. 무엇보다 불안한 감정으로 인해 활성화된 애착 체계를 사랑이나 열정으로 오해하지 않는다. 자신이 더 이상 매력적이지 않을까 불안해 괜한 신경전을 벌이지 않는다. 헷갈리는 메시지를 보내는 대신 자신의 마음을 편안하게 전달한다.

이러한 안정형을 소개해 주면 대부분의 불안정형은 스파크가 일어나지 않는다, 데이트 시 너무 지루하다, 노력해도 연애 감정을 못 느끼겠다고 불평한다. 불안정형은 불안해하며 기다리던 연락을 받거나 갈망하던 말을 듣게 되는 순간의 희열을 사랑의 감정으로 착각한다. 불안했던 만큼 카타르시스를 느끼며 감정이 증폭되는데, 안정형들과의 만남에서 느끼는 감정은 잔잔해서 상대적으로 무료하게 느끼는 것이다.

그럼에도 불구하고 성찰적 태도로 안정형을 관찰하면서 데이트를 지속하다 보면 그들의 일관성 있는 편안함의 진가를 깨닫는 순간이 온다. 그러므로 불안정형이 안정형을 만나려면 인내가 필요하다. 그 인내

뒤에는 행복한 결혼생활이라는 보상이 기다린다.

　　불안정형끼리 부부가 된 경우에도 위에서 언급한 정신화의 과정들을 시도하며 노력하다 보면 상호작용이 변화되면서 서서히 안정화된다. 물론 많은 시행착오를 겪으며, 각자의 애착 체계를 수정하고 다듬어가는 기나긴 여정이 필요하다. 현우와 태라처럼 심리치료사의 도움을 받으면서 행복한 결혼생활로 거듭날 수 있다.

배우자의 첫 기억에 대한 연민

현우의 첫 기억에 대한 태라의 마음

태라는 현우의 첫 기억과 어린 시절을 돌아보며 그를 한결 이해하게 되었다. '겉으로는 저렇게 쿨하고 당당해 보이는데 자라면서 그런 아픔이 있었구나. 그래서 그때 그렇게 예민하게 반응한 거야'라는 생각이 미치자 며칠 전 일이 뇌리를 스쳐 지나갔다.

며칠 전 태라는 현우가 몸살 기운이 있어 일찍 퇴근했다는 문자 메시지를 받았지만 '좀 쉬고 나면 낫겠지'라며 가볍게 생각했다. 회사 일을 마치고 동기들 모임에 참석하다 보니 귀가 시간이 늦어지게 되었다. 물론 남편에게는 회사 일로 늦는다고 짧게 문자를 남겼다.

그날 자정이 다 되어서야 집에 들어가니 평소에 좀처럼 언성을 높이지 않던 현우가 태라에게 소리를 질렀다.

"내가 아프다고 했는데도 이제 들어오다니! 아픈 나를 집에 혼자 두고 밖에서 뭐 하다 이제 들어와!"

갑자기 화를 내는 현우의 모습에 놀랐던 태라는 한참을 혼란스러워했던 기억이 났다.

남편은 워낙 독립적이고 자기 일을 터치하는 것을 원체 좋아하지 않는 사람이라서 아플 때도 혼자 쉬는 것을 더 편하게 여길 거라고 생각했었다. 그런데 그 독립심이 기댈 수 있는 누군가가 없었기 때문에 생겨난 방어라고 생각하니 마음이 아팠다.

결혼해서 돌봐줄 아내가 있는데도 여전히 밤늦도록 집에 혼자 버려져 앓고 있다는 사실이 남편을 얼마나 비참하게 만들었을까? 어머니의 돌봄을 제대로 받아보지 못한 남편을 따뜻하게 품어 주지는 못하면서 늘 더 사랑해 달라고 투정만 부렸던 자기 모습이 부끄러웠다.

태라는 자신 역시 어린 시절 부모와의 경험으로부터 벗어나지 못함을 깨닫고 새삼 몸서리를 쳤다.

'나도 그랬었어. 엄마가 사라진 그날은 세상에 덜렁 혼자 남겨진 것 같은 불안과 두려움이 나를 온통 휘감았지. 물론 엄마 대신 항상 나를 살뜰하게 챙기시고 돌봐주시던 외할머니가 옆에 계셨던 것은 사실이다. 하지만 엄마의 빈자리를 대신할 수는 없었으니까……. 그런데 남편은 어린 나이에 형과 누나가 돌아올 때까지 빈집에서 매일 혼자 지내는 게 얼마나 힘들고 무서웠을까? 나는 엄마 아빠에게 마음껏 투정이라도 부리고 원하는 것을 요구하며 자랐는데. 저렇게 엄하고 통제하는 부모님 밑에서 자신의 감정이나 원하는 것을 표현조차 해보지 못하고 자랐으니……' 하는 생각이 절로 들었다. 남편에 대해 미안한 마음과 연민의 감정이 들면서 그동안의 서운함과 화가 조금 수그러들었다.

태라의 첫 기억에 대한 현우의 마음

현우 역시 태라가 어린 시절의 첫 기억을 이야기하며 성인이 된 지금까지 엄마 잃은 어린아이처럼 눈물을 글썽이며 어깨를 떠는 모습이 안쓰럽게 느껴졌다. 자신에게 엄마라는 존재는 처음부터 따뜻함을 기대할 수 없는 존재였지만 매일 자신을 살갑게 돌봐주던 엄마가 갑자기 사라져 버렸을 때 어린 태라는 얼마나 놀라고 힘들었을까, 그래서 지금도 지나치다 싶게 장모님을 찾는구나 하는 데까지 생각이 미치니 아내를 조금 이해하게 되었다.

때로는 저녁 늦게까지 일을 하다가 미처 연락을 하지 못한 자신을 몰아세우는 아내가 지나치다고 느꼈고, 남편을 제 손아귀에 넣고 통제하려는 모습에 화가 났다. 오랫동안 누군가의 간섭을 받지 않고 혼자 지내왔던 현우는 누군가에게 일일이 자신의 일상을 보고하고 답을 해야 한다는 사실이 익숙하지 않았고 부담스러웠기 때문이다.

하지만 어린 시절의 불안이 시간이 지난다고 사라지는 것이 아니라 비슷한 상황이 전개되면 성인이 되고 난 지금까지도 불청객처럼 다시 찾아온다는 상담자의 이야기를 듣고 나니 태라에게 미안한 마음이 들었다.

'내가 연락이 없이 늦을 때마다 태라는 어린 시절 갑자기 사라졌던 엄마에게서 느꼈던 버려졌다는 두려움을 떠올리며 불안에 떨었구나.'

어려서부터 빈집에 혼자 남겨져 누구의 온기도 만질 수 없는 그 어두운 느낌을 이미 잘 알고 있는 현우에게는 익숙한 부분이었기에 공감하기가 쉬웠다.

'나도 정말 싫었는데. 초등학교 시절 아무도 없는 빈집에 열쇠를 따고 혼자 들어가 그 썰렁한 분위기에 익숙해지기까지 얼마나 힘들었는지…….'

지금도 그 순간을 떠올리는 것만으로도 아득해졌다.

당시 외로움과 무서움에 떨던 자신을 지켜주었던 것은 TV가 유일했다. 그래서 현우에게는 TV가 가장 의지가 되는 오랜 친구처럼 느껴지기 때문에 퇴근하면 습관처럼 TV부터 튼다. 결혼 후 바보상자만 바라보는 습관을 없애고 자기랑 이야기하자는 태라의 잔소리가 이어져도 태라가 잠든 뒤 가끔 소리를 죽여 가며 TV를 틀어놓고 보다 잠들곤 했다.

조금만 마음을 썼으면 알아차릴 수 있는 일들이었는데 매번 아내의 짜증 섞인 목소리가 현우의 마음을 닫게 만들어 태라의 속마음을 헤아려보려는 시도조차 하지 않았던 것이다. 자신을 옥죄는 아내가 그저 귀찮고 싫었다. 아내의 잔소리가 들릴 때마다 늘 도망가고 싶고, 할 수만 있다면 자신에게 이러한 족쇄를 채운 결혼을 물리고 싶었다.

모든 것이 정반대라고 느낀 아내와 자신이 어떤 면에서는 쌍둥이처럼 닮았다는 생각이 들었다. 결혼 후 처음으로 느끼는 동질감이었다. 상처 입은 두 어린아이가 둥지를 튼 곳에서 그들은 자신과 배우자의 상처를 부여잡고 아파하며 잠을 설쳤다.

두 번째 상담이 시작되고

"안녕하세요. 지난 한 주간은 어떻게 지내셨어요. 뭐 특별한 일은 없었나요?"

상담자가 현우와 태라를 반갑게 맞이하며 안부를 물었다.

"네, 별일은 없었어요. 변화라면 남편이 저에게 많이 신경 쓰고 잘해줬던 것 같아요. 문자에도 꼬박꼬박 답도 하고……."

태라가 살짝 미소를 지으며 대답했다.

"하하. 그랬군요. 그래서인지 지난주에 비해 태라 씨 기분이 훨씬 좋아 보이네요."

상담자는 태라를 향해 유쾌하게 웃었다.

"현우 씨는 어떠셨어요? 한 주간 잘 지내셨나요?"

이번엔 남편을 바라보며 상담자가 질문했다.

"네, 잘 지냈습니다. 지금까지 한 번도 생각해 보지 않은 첫 기억을 떠올리고 그에 묶인 감정들을 들여다보면서…… 일주일 내내 저 자신에 대해 그리고 우리 부부 관계에 대해 많은 생각을 했던 것 같습니다."

"그렇군요. 어떤 생각을 하셨는지 이 자리에서 조금 나눠주실 수 있을까요?"

"음, 우선 그동안 잊고 있었던 어린 시절에 대해 생각하게 되었어요. 자연스럽게 부모님과의 관계를 떠올리고…… 그런데 정말 아버지와의 추억이 없다는 것을 깨달았어요. 자라면서 아버지와 시간을 같이 보낸 기억이 전혀 떠오르지 않았어요."

말을 이어가는 현우의 표정이 외로워 보이면서도 사뭇 진지해 보였다.

"음, 그러한 생각을 하면서 현우 씨의 기분은 어떠셨나요?"

"글쎄요. 기분은 잘 모르겠어요. 단지 '항상 고지식하고 엄격하셨던 아버지의 존재가 나에겐 어떠한 의미였나?'라는 생각을 잠시 해봤어요."

"음~ 궁금하네요."

"뭐랄까? 그런 아버지 앞에서 전 늘 위축되고 두려웠던 것 같아요. 실수하면 안 될 것 같은, 그리고 설혹 아버지가 틀리셨어도 아버지 앞에선 절대 말대꾸하면 안 될 것 같은 두려움……."

"그러셨군요. 혹시 그러한 느낌과 관련된 사건이나 아니면 아버지로부터 평소에 자주 들었던 말이 떠오르는 게 있나요?"

"아버지를 떠올리면 항상 제 마음에 맴도는 말이 있어요. '사내 녀석이 의지가 약해서 제 앞가림도 못할 놈'이라고 늘 혼나곤 했거든요."

"저런, 이렇게 훌륭하게 자란 현우 씨가 들어야 할 소리는 아니었던 것 같은데…… 아버지로부터 그런 소리를 들을 때마다 억울한 생각이 들진 않았나요?"

현우는 고개를 떨구며 머리를 좌우로 가볍게 흔들었다.

"아뇨. 그 소리가 너무너무 듣기 싫었지만 '난 나약한 놈이야'라고 믿어 의심치 않았어요. 어쩌면 하도 여러 번 듣다 보니 자신을 세뇌시킨 것 같기도 해요. 한번 마음먹은 일은 반드시 성공시키시는 강한 아버지에 비해 저는 한없이 못나 보였어요. 정말 아버지 말씀대로 제 앞가림도 못하고 살까 봐 두려웠어요. 그래서 '사랑은 주지 못하지만, 가족의 경제적 필요는 채워주었던 아버지처럼 일은 열심히 해야 한다'라는 생각을 한순간도 놓지 않았던 것 같아요."

쓸쓸한 미소를 지으며 멋쩍게 손바닥을 비벼대는 현우의 모습을 옆에서 바라보던 태라는 현우가 한없이 안쓰러워 보였다. 손을 뻗어 안아 주고 싶을 정도로. 정말 몰랐다. 한 눈에도 엄하게 보이시는 시아버지의 모습을 떠올렸다. 하지만 태라에게는 말씀은 잘 안 하셔도 따뜻하게 대해 주셔서 남편인 현우에게 그렇게 심한 말씀을 하셨을 줄은 상상도 못 했다. '그래서 남편은 늘 회사 일에 강박적으로 매달렸구나'라는 생각이 미치자 일을 핑계 삼아 자신을 몰라라 하는 것 같은 남편을 몰아세우며 화를 냈던 자신이 너무 부끄러웠다.

"그러셨군요. 아버지 말씀처럼 제 앞가림도 못하고 사는 의지박약자가 될까 봐 늘 애쓰며 살았군요."

상담자가 현우를 향해 고개를 끄덕이며 공감했다.

"네, 그랬던 것 같아요. 반면에 어머니는 저희 삼 남매를 희생적으로 돌봐주셨지만 정말 통제적이신 분이라 숨이 막힐 듯 너무 부담스러웠어요. 그러다 보니 어머니의 잔소리를 듣지 않기 위해 혼자서도 잘하려고 노력했던 것 같아요."

"그러한 부모님과의 경험이 현우 씨에게 어떠한 영향력을 미쳤을까요?"

상담자는 현우에게로 몸을 조금 기울이며 나지막이 물었다.

"그러게요. 지난주 내내 생각했던 주제인데, 아버지 말씀처럼 인생의 낙오자가 될 것 같은 두려움이 성과 위주의 삶으로 몰고 가지 않았을까요? 아마도, 어머니의 통제에서 벗어나고자 했던 노력이 스스로 알아서 하고 누구로부터도 간섭받기 싫어하는 사람으로 만들지는 않았나 하는 생각이 드네요."

"그러니까, 부모님과의 경험이 현재 현우 씨를 직장에서도 독보적이고 모든 것을 스스로 알아서 잘 처리하는 독립적인 존재로 만들어주기도 했지만, 다른 한편으로는 관계로부터 멀어지는 그런 면도 초래한 것처럼 들리네요. 그런가요?"

"네, 그런 면이 있지요. 아마도 그런 저의 성격이 아내를 외롭게 하지는 않았나 싶었어요. 아내는 일만 하는 남편보다는 자신의 이야기 들어주며 사소한 것도 나누면서 같이 시간을 보내는 것을 좋아하는데……. 제가 너무 제 스타일만 고집한 게 아닌가 싶어서 조금 신경 쓰이고……. 그랬어요."

"그래서 아내에게 잘해 주려고 하셨구요?"

"그런 것 같습니다."

현우는 겸연쩍은 듯 웃으며 뒤통수를 만졌다.

"태라 씨는 남편분의 이야기를 들으면서 어떠셨어요?"

상담자가 남편 현우를 연민의 표정으로 지켜보던 태라를 향해 물었다.

"전 정말 몰랐어요. 남편에게 그런 아픈 기억들이 있었다는 것을요. 사실 남편의 말을 들으면서 너무 마음이 아팠어요. 그런 남편의 상처도 모르고 일하는 남편 붙잡고 매번 놀아달라고 떼만 썼던 것 같아 부끄러웠고……. 하지만 지금 생각해 보면 남편은 연애 때나 결혼해서도 그런 이야기는 한 번도 꺼내지 않았던 것 같아요. 이런 이야기를 진작 말해주었다면 남편을 보다 더 이해할 수 있었을 텐데, 말없이 있다가 어느 순간 갑자기 화를 내니, 전 너무 어이없었고……."

감정이 올라오는지 태라는 말을 맺지 못하고 고개를 떨구었다.

"음, 남편분의 이야기를 듣고 나니 남편의 태도가 이해되지만, 그 전에는 갑자기 화를 내는 남편이 낯설고 놀라서 많이 당황했겠어요. 서운하기도 하고."

"네, 그랬어요. 그래서 저도 소리를 지르며 대들었고요. 사소한 일로 시작한 짜증이 결국 부부싸움으로 이어지고, 서로 대화가 되지 않는 것을 보면서 절망스러웠어요. 같이 있어도 혼자라는 생각에 너무 외롭고 쓸쓸하고……."

"아내도 힘든 시간을 보내셨네요. 그 마음의 대화라는 것을 나누지 않아 생긴 어긋남이라 생각하니 안타깝기도 하고요."

"그러게요. 우리는 서로를 너무 모른 채 각자의 욕망대로 상대방을 디자인하고 그렇게 행동하지 않으면 절망하고 화를 냈던 것 같아요."

태라의 낮은 한숨이 새어 나왔다.

"아내 말이 어떻게 들리세요?"

상담자는 질문을 던짐으로써 현우를 자연스럽게 대화에 끌어들였다.

"저도 같은 생각을 하고 있었어요. 아내의 목소리가 커지고 저를 비난할 때마다 제가 뭔가 잘못하고 있는 것처럼 느껴져 위축되고 두려웠어요, 난 결국 아내 기분 하나도 못 맞추는 못난 놈인 것 같아 한없이 초라해지면서 어디론가 숨어버리고 싶은데, 그럴 상황도 안 되면 그만 화로 폭발하더라고요. 저 자신도 놀랐어요. 그렇게 무섭게 화를 내는 내 모습에……."

"태라 씨가 큰 목소리로 현우 씨를 몰아세우면 아버지의 말씀처럼 자신의 앞가림도 제대로 못 하는 무능한 사람처럼 느껴져 위축되고, 소리 지르며 비난하던 엄마의 모습이 오버랩 되면서 아이처럼 작아지는 느낌이 들었나 봐요. 그런 순간에 느껴지는 수치심을 감추기 위해 아내에게 화를 내게 된 것은 아니었을까요?"

"아, 그래요. 맞아요. 그런 순간마다 언제가 경험한 것 같은⋯⋯ 느낌이 남아 있었던 것 같아요. 아내가 소리를 높일 때마다 마치 어머니에게 혼나는 느낌을 받았어요. 어릴 때 제가 말을 안 들으면 엄마는 목소리 톤을 높이시며 제 잘못을 지적하고 혼내셨어요. 그래서 아내가 나를 비난하면 전 그때의 어린아이 모습으로 돌아가 주눅 들고 아내도 엄마처럼 나를 밀쳐낸다고 생각되어 우울해지고 두려워졌던 것 같아요. 그런 날은 왠지 엄마처럼 느껴지는 아내를 안을 수 없었어요."

'아, 그랬던 거야!'

태라의 입에서 작은 신음 소리가 흘러나왔다.

정직한 감정에 대하여

잠시 정적이 흐르고, 상담자가 입을 열었다.

"사람들은 성숙한 사람은 감정을 잘 드러내지 않고 감정을 드러내면 손해를 본다고 생각하는 경향이 있습니다. 다른 사람들은 자신의 감정을 결코 이해하지 못할 것이고 그로 인해 이용당할 수 있다고 단정 짓기 때문이죠. 하지만 자신의 감정을 알고 표현한다는 것은 아주 중요합니다. 감정은 자신의 마음을 다른 사람에게 알리고 세상에 표현하는 방법이니까요. 이러한 감정 표현은 부부 사이에서도 꼭 필요한데 같이 한 이불을 덮고 자는 부부도 결코 표현하지 않으면 서로의 생각과 감정을 절대 알 수 없기 때문입니다. 태라 씨는 현우 씨의 이야기를 들으시면서 어떠셨나요?"

"그, 그러게요. 저는 너무나 남편의 감정에 대해 무심했네요. 아니, 사실 저는 심지어 남편은 감정이 없는 사람이라고 멋대로 단정해 버렸거든요. 저의 비난이 남편을 그렇게 코너로 몰 줄……. 전 그냥 나의 상처 받은 마음을 표현한 것뿐인데……. 무심한 남편 앞에서 아무런 존재감이 느껴지지 않는 것 같은 버려진 듯한 느낌을 들키고 싶지 않아 목소리를 높인 것뿐인데 남편은 그 순간 밀쳐진 느낌이었다니, 거절감이었다니……, 그런 부정적인 느낌은 제 안에만 있는 거라고 생각했는데⋯⋯."

태라의 목소리가 미세하게 떨리며 작아졌다. 항상 쿨하고 감정의 변화가 없는 남편에게도 거절에 대한 두려움이 있으리라고는 태라는 한 번도 생각지 못했다. 어쩌면 그 거절감이 태라보다 컸기 때문에 남편은 아예 대화할 시도조차 하지 않고 물러선 것인가? 여러 가지 추측과 생각이 한꺼번에 몰려오며 마음이 복잡해졌다.

"태라 씨가 남편분의 마음을 눈치채지 못한 것처럼, 현우 씨 역시 자신의 무심함으로 상처받은 태라 씨의 감정을 잘 이해하지 못하셨던 것 같네요. 어쩌면 두 분 다 감정 표현에 서투르고, 자신의 진짜 감정을 내보인다는 것이 두렵기조차 했을 거예요. 그래서 감정 표현에도 방어적이 되다 보니 자신조차도 어떠한 감정이 진짜 감정인지 혼란스러워지고 그럴수록 상대방은 더욱 갈피를 잡을 수 없게 되죠."

"아⋯⋯."

현우와 태라의 낮은 탄식이 상담실 안 공기를 더욱 무겁게 만들었다.

상담자는 그들에게 잠시 생각할 수 있는 시간을 주었다.

"감정을 표현하는 건 상대방에게 상처를 줘 멀어지게 하는 게 아니라 오히려 서로를 이해할 수 있게 되어 더 많이 가까워지게 해줍니다."

상담자는 다소 의기소침해 있는 현우와 태라를 번갈아 바라보며 말을 이어갔다.

"또한 자신에 대한 명료한 인식과 전달이 자기실현을 촉진하고 관계를 확장시키기 때문에 자신의 감정을 말로 표현할 수 있을 때보다 성숙해지고 행복해지지요. 그러니까 부부 관계에서도 자신의 감정을 적극적으로 표현하고 배우자의 감정에도 민감하게 반응하여 조율할 때 부부간 갈등이 줄어들고 하나가 되는 친밀감을 느낄 수 있지요. 하지만 감정은 다루기 어려운 예민한 존재라서 건강하게 감정을 표현하는 법을 배워야 하는데 오늘은 그 감정 표현법에 대해서 배워볼까요?"

"네, 그럴게요."

현우와 태라는 자세를 고쳐 앉으며 한목소리로 대답했다.

XYZ 방식의 I-message 전달법에 대하여

감정을 잘 표현하기 위해서는 먼저 나 자신이 무엇을 느끼고 있는 지에 대한 감정인식이 이루어져야 한다. 내 감정을 잘 느낄수록 스스로 원하는 삶의 방향을 설정할 수 있고, 다른 사람들의 감정을 공감하는 능력도 향상되게 된다.

그러므로 자신의 감정을 잘 인식하는 사람은 자신과 타인, 그리고 세상에 대한 이해의 폭이 넓다고 할 수 있다. 그러므로 자아 성장과 성숙한 부부 관계를 위해서도 자기 경험에 대한 인식과 그에 따른 감정을 돌아보는 과정이 필요하다.

그다음 단계는 인식한 나의 감정을 언어화하는 방법이다. 솔직하게 마음을 표현하는 중요성은 이미 말해왔지만, 자신의 감정 표현법이 잘못되었을 때는 상대방의 마음을 다치게 할 수 있다.

그래서 배우자와 관련된 감정을 표현할 때는 배우자의 행동을 지적하는 'You-message'보다 내 마음을 전달하는 'I-message'가 효과적이다. 즉, 배우자를 비난하는 것이 아니라 배우자와의 관계에서 느낀 나 자신의 마음을 표현하는 것이다.

I-message 전달법은 쉽게 XYZ로 설명할 수 있다. 첫째, 자신에게 문제가 되는 X라는 상황을 구체적으로 말한다. 둘째, 그 상황에서

상대방의 Y라는 행동에 대하여 객관적으로 이야기한다. 셋째, 그 상황에서 상대방의 행동에 대해 자신이 느낀 감정 Z에 대해 솔직하게 표현한다.

예를 들어 태라는 현우가 연락도 없이 늦을 때마다 현우에게 나쁜 일이 생긴 것은 아닌지 걱정하며 불안해했다. 그런 경우 평소처럼 현우에게 화를 내고 비난하는 대신에 XYZ 대화법을 사용해서 자기감정을 표현했으면 어땠을까?

"저녁 준비하면서 맛있게 먹어줄 당신을 상상하며 기다리고 있었는데(X라는 상황) 당신이 연락도 없이 늦으니까(Y라는 상대방의 행동) 무슨 일이 생겼는지 걱정되고 불안했어(Z라는 자신의 감정)."

배우자를 지적하고 비난하거나 일방적으로 지시하는 You-message보다는 상황과 배우자의 행동에 대한 자신의 마음을 좋은 타이밍을 정해 솔직하게 표현하면 상대방도 방어적이 되지 않는다. 오히려 그 말에 감동 받아 절로 사과의 말을 전하게 되고, 두 사람 사이에 불필요한 갈등은 사라진다.

I-message를 사용해서 자신의 감정을 표현한 다음에는 상대방의 마음을 경청하는 자세를 취해야 한다. I-message 표현이라도 일방적으로 자신의 부정적인 감정만을 전달하면 배우자가 공격하는 느낌을 받을 수 있으므로 자신의 감정 표현에 대한 배우자의 마음도 들어줄 수 있어야 한다.

마음을 들어주는 그 자체만으로 감정적인 정화가 일어나고 경청해주는 사람에게 호감을 느낀다. 공감적인 태도가 방어를 무너뜨리기 때문에 좀 더 호응할 수 있게 된다. 관심을 기울여 들어주는 경청은 무엇보다도 상대방에 대한 존중의 표현이므로 두 사람의 관계 형성에 긍정적으로 기여한다. 이해받고 있다는 느낌이 사랑받고 있다는 느낌으로 이어지기 때문에 부부 관계를 돈독히 해준다.

현우와 태라에게 XYZ 대화법을 간략히 설명한 상담자는 두 사람에게 이렇게 제안했다.

"자, 그럼 한번 연습해 볼까요? 제가 예를 든 것처럼 남편 현우 씨가 연락도 없이 귀가가 늦을 때 태라 씨가 XYZ 대화법을 사용해서 자신의 감정을 표현해 보시겠어요?"

"네, 한번 해볼게요."

태라는 고개를 끄덕였다.

"사실, 나 퇴근하고 피곤해서 쉬고 싶었지만, 당신을 위해 열심히 저녁 준비하면서 기다리고 있었는데, 당신이 문자도 없이 늦으니까, 무슨 일이 생겼나 걱정도 되고 불안했어. 시간이 지나면서 화도 나고."

"아주 잘하셨어요. 현우 씨는 지금 아내의 말이 어떻게 들렸어요? 지금도 비난처럼 들리나요? 아니면 현우 씨를 걱정하는 태라 씨의 마음이 전달되시나요?"

"네! 아내가 그렇게 말해주니 '날 걱정했구나' 하는 마음이 느껴지면서 저의 무신경함이 미안해지네요. 아내를 걱정시키려는 의도는 아니었는데 제가 익숙하지 않아서……."

"그렇군요. 그럼 이번엔 남편분이 아내에게 자신의 감정을 XYZ 대화법으로 표현해 보시겠어요?"

"음…… 내가 연락이 없이 늦었을 때 당신이 평소처럼 나에게 화를 내는 대신 걱정했던 마음을 표현해주니 고맙고…… 한편 당신을 걱정시켜서 미안한 마음이 드네. 다음부터는 늦게 되면 꼭 연락할게."

"태라 씨는 현우 씨의 사과가 마음에 와닿습니까?"

상담자가 태라에게 물었다.

"네, 진정성 있게 들려요. 정말 미안해하는 마음이 전해지네요."

태라는 현우의 새끼손가락을 걸며 장난스럽게 웃었다.

"꼭꼭, 약속해."

현우도 심각한 장면에서의 태라의 장난기가 어이없으면서도 귀엽다는 듯이 따라 웃었다.

"네, 두 분 다 아주 잘하셨어요."

상담자는 두 사람을 향하여 가볍게 박수를 보냈다.

부부를 위한 최고의 선물, 애착의 안정화

　훨씬 편안해진 두 사람이 상담자 앞에 마주 앉았다. 상담자는 현우와 태라에게 자신이 배우자로부터 꼭 받고 싶은 것 한 가지씩만 이야기하라고 했다. 두 사람이 서로를 마주 보고서.

　잠시 생각하다가 태라가 먼저 입을 열었다.

　"난 오빠가 바쁘더라도 내 문자에 바로바로 답을 해주었으면 좋겠어. 문자에 답이 없으면 난 너무 불안해지면서 자꾸 짜증을 내고 결국 오빠한테 못되게 구니까⋯⋯."

　현우는 말없이 고개를 끄덕였다. 그때 상담자는 현우에게 태라가 한 말을 자신이 이해한 언어로 되풀이해 달라고 부탁했다. 현우는 조금 어색한 표정으로 입을 뗐다.

　"태라가 나에게 원하는 것은, 음⋯⋯. 문자에 지체하지 말고 답을 하라는 거지. 그렇지 않으면 불안해진 태라는 나에게 원치 않는 짜증을 내게 될 테니까⋯⋯."

　상담자는 태라를 바라보며 "남편분이 하신 말씀이 아내가 원하는 것 맞습니까?" 하고 물었다. 태라는 배시시 웃으며 그렇다고 대답했다. 현우의 입꼬리도 거의 눈치채지 못할 정도로 살짝 올라갔다.

　이제 현우의 차례였다. 현우는 태라를 바라보며 말했다.

"난 태라가 나의 공간을 조금만 인정해 주었으면 해. 집에 와서 쉬고 싶을 땐 서재에서 잠시 혼자 있는 시간을 허락해 주면 좋겠어. 내가 태라랑 한 공간에 같이 있지 않다고 해서 태라를 사랑하지 않는 것은 아니니까."

태라도 현우를 바라보며 고개를 끄덕였다.

"응, 알았어. 노력해 볼게."

상담자는 태라에게 현우의 말을 반복해 달라는 제스처를 취했다.

"오빠가 내게 원하는 것은 자신만의 공간을 인정해 달라는 거지, 서재에 들어가 혼자 남겨 둔다고 삐지거나 투정 부리지 말고. 치!"

태라의 귀여운 앙탈에 현우와 상담자도 같이 마주 보며 웃었다.

두 사람은 상담자의 도움을 받아 가며 서로에게 부정적인 상호작용을 일으키는 문제점을 찾아내고 그 이면에 숨겨진 감정에 대해 계속 이야기를 나누었다. 자신들 안에 숨겨진 상처와 결핍, 욕구 등을 하나씩 꺼내어 달래주고 보듬어주었다.

이젠 자신이 원하는 것을 상대방이 알아줄 때까지 말도 하지 않은 채 기다리며 서운해하지 않고 대화로 풀어갔다. 불편한 상황에서는 XYZ 대화법을 활용한 I-message를 사용했다.

상담을 마쳐 갈 즈음에는 현우는 태라에게 따뜻하고 공감적인 남편으로, 태라는 현우에게 쿨하고 여유 있는 아내로 변화되어 갔다. 서로에게 안식처와 안전기지가 된 것이다. 이러한 안전감이 회피형인 현우와 불안형인 태라의 애착을 점점 안정화시켰다.

두 사람의 애착이 안정되어가는 만큼 부부 관계도 점차 회복되어 갔다. 이제 서로의 결핍을 채워주며 같이 성장하는 부부로 나아가기 위해 오늘도 태라와 현우는 자신의 감정과 생각을 이야기하며 서로를 정직하게 마주한다. 두 사람만의 안전한 베이스캠프에서.

에필로그

---✦---

따뜻한 안정형의 사람으로 변하려면…

애착 이론의 창시자, 볼비는 애착을 가까운 사람과의 '정서적 유대관계(emotional tie)'라고 정의했다. 정서적 관계를 이어주는 애착의 끈이 한번 잘못 묶이면 그 매듭을 풀기란 여간 힘들지 않다. 때로는 잘라내야만 하는 아픈 순간도 온다. 하지만 매듭의 모양새를 살펴 묶인 시작점을 찾아내면, 그 단단한 매듭도 서서히 풀려나간다.

우리는 모두 과거의 매듭으로부터 자유로울 수 없다. 어릴 적 부모와의 유대관계인 애착 형성은 '지금의 나'를 형성하는 데 많은 영향을 주었다. 만일 부모와의 애착 경험이 불안정하다면, 성인이 된 이후 다른 관계에서도 비틀린 애착의 매듭을 만들게 된다.

즉, 자신의 의도와는 달리 그토록 싫어했던 부모의 모습을 재현하며 사랑하는 사람들을 다치게 한다. 후회하면서도 같은 행동을 반복한다. 그 원인은 어린 시절의 비틀린 애착의 매듭 탓이다. 그러므로 행복한 가정과 건강한 삶을 꾸려가기 위해선 무엇보다 상처로 묶인 매듭을 풀어야 한다.

매듭을 풀기 위해 책에서 다룬 정신화를 통해 길을 찾길 바란다. 내 감정을 조금 떨어져 들여다보고, 왜 그런 감정을 느끼고 있는지, 지금 느끼고 있는 나의 감정이 타당한지 스스로 질문하여 감정을 추슬러 보는 연습이 필요하다. 나를 자주 흔들어 놓는 감정을 따라가 보면 분명 매듭의 시작점을 알게 된다. 잘못 묶인 매듭이 풀리면 선순환적으로 긍정적인 내적 표상을 창조하여 애착이 안정화된다.

더 나아가 가족과 건강하게 상호작용하는 법을 배워야 한다. 결혼했어도 부부간에 어떻게 사랑하며 서로를 존중하는지를 배우지 못했다면, 관계는 삐걱거리기 마련이다. 부모가 되었어도 좋은 양육을 받아본 경험이 없다면, 좋은 부모 노릇을 하기란 쉽지 않다.

어린 시절 칭찬과 격려를 받아보지 못한 사람은 자신뿐 아니라 누군가를 칭찬하고 격려하는 데 어색할 수밖에 없다. 배우자와 자녀에게 공감의 말을 건네기가 어렵다. 하지만 배우고 변화를 시도하면 머지않아 관계는 좋아진다. 우리의 마음은 뇌의 확장을 통해 새로운 길을 내기 때문이다.

이 책을 내기까지 많은 분의 도움이 있었다. 그 분들에게 감사의 마음을 전한다. 무엇보다 이 책이 마무리되도록 건강과 지혜를 주시고, 모든 상황을 열어주신 하나님께 감사와 영광을 올린다. 그리고 부족한 나를 늘 사랑으로 지지해주고 안전기지가 되어 준 남편에게 고마움을 전한다.

이 책을 읽고 단 한 명의 독자라도 자신의 애착유형을 돌아보아 불안정한 애착이 안정화되는 데 도움을 받을 수 있다면 그간 투자한 시간과 노력이 헛되지 않을 것 같다. 이 책과 함께한 모든 독자에게 진심으로 감사드린다.

초기부모애착척도(아버지)

어린 시절(약 5~12세) 아버지와의 관계 경험에 대하여 가장 잘 설명하고 있는 곳에 O표
해 주시기 바랍니다.

	문항	전혀 그렇지 않았다	거의 그렇지 않았다	그렇지 않았다	보통 이다	그런 편 이었다	상당히 그랬다	매우 그랬다
1	나는 아버지의 사랑을 잃을까 봐 두려웠다.	1	2	3	4	5	6	7
2	아버지는 나의 기분을 금방 알아차리셨다.	1	2	3	4	5	6	7
3	아버지는 나를 조종하고 통제했다.	1	2	3	4	5	6	7
4	힘든 일이 있을 때 제일 먼저 떠오르는 사람은 아버지였다.	1	2	3	4	5	6	7
5	내가 원하는 만큼 아버지가 나와 같이 시간을 보 내지 않으면 화가 났다.	1	2	3	4	5	6	7
6	아버지는 나의 필요한 부분을 잘 채워 주셨다.	1	2	3	4	5	6	7
7	아버지가 나를 받아주지 않을 때 내 자신이 무가 치하게 느껴졌다.	1	2	3	4	5	6	7
8	고민이 생기면 제일 먼저 아버지에게 이야기했다.	1	2	3	4	5	6	7
9	아버지가 나에게 충분한 애정을 주지 않을 때 화 가 났다.	1	2	3	4	5	6	7
10	아버지는 내가 도움이 필요한 순간에 함께 해 주 셨다.	1	2	3	4	5	6	7
11	아버지에게 버림(거절) 받을까 봐 불안했다.	1	2	3	4	5	6	7
12	나는 아버지를 의지하는 것이 편안했다.	1	2	3	4	5	6	7
13	아버지에게 사랑받고 있다는 사실을 종종 확인 받고 싶어했다.	1	2	3	4	5	6	7
14	나의 문제와 관심사를 아버지와 같이 논의하곤 했다.	1	2	3	4	5	6	7
15	아버지가 나에게 관심을 갖지 않으면 화가 났다.	1	2	3	4	5	6	7
16	힘들 때는 아버지에게 위로나 도움을 구하곤 했다.	1	2	3	4	5	6	7
17	아버지가 나를 싫어할까 봐 걱정하곤 했다.	1	2	3	4	5	6	7
18	아버지와 즐거운 시간을 보낸 기억이 많다.	1	2	3	4	5	6	7

초기부모애착척도(어머니)

어린 시절(약 5~12세) 어머니와의 관계 경험에 대하여 가장 잘 설명하고 있는 곳에 O 표해 주시기 바랍니다.

	문항	전혀 그렇지 않았다	거의 그렇지 않았다	그렇지 않았다	보통 이다	그런 편 이었다	상당히 그랬다	매우 그랬다
1	나는 어머니의 사랑을 잃을까 봐 두려웠다.	1	2	3	4	5	6	7
2	어머니는 나의 기분을 금방 알아차리셨다.	1	2	3	4	5	6	7
3	어머니는 나를 조종하고 통제했다.	1	2	3	4	5	6	7
4	힘든 일이 있을 때 제일 먼저 떠오르는 사람은 어머니였다.	1	2	3	4	5	6	7
5	내가 원하는 만큼 어머니가 나와 같이 시간을 보내지 않으면 화가 났다.	1	2	3	4	5	6	7
6	어머니는 나의 필요한 부분을 잘 채워 주셨다.	1	2	3	4	5	6	7
7	어머니가 나를 받아주지 않을 때 내 자신이 무가치하게 느껴졌다.	1	2	3	4	5	6	7
8	고민이 생기면 제일 먼저 어머니에게 이야기했다.	1	2	3	4	5	6	7
9	어머니가 나에게 충분한 애정을 주지 않을 때 화가 났다.	1	2	3	4	5	6	7
10	어머니는 내가 도움이 필요한 순간에 함께 해 주셨다.	1	2	3	4	5	6	7
11	어머니에게 버림(거절) 받을까 봐 불안했다.	1	2	3	4	5	6	7
12	나는 어머니를 의지하는 것이 편안했다.	1	2	3	4	5	6	7
13	어머니에게 사랑받고 있다는 사실을 종종 확인받고 싶어했다.	1	2	3	4	5	6	7
14	나의 문제와 관심사를 어머니와 같이 논의하곤 했다.	1	2	3	4	5	6	7
15	어머니가 나에게 관심을 갖지 않으면 화가 났다.	1	2	3	4	5	6	7
16	힘들 때는 어머니에게 위로나 도움을 구하곤 했다.	1	2	3	4	5	6	7
17	어머니가 나를 싫어할까 봐 걱정하곤 했다.	1	2	3	4	5	6	7
18	어머니와 즐거운 시간을 보낸 기억이 많다.	1	2	3	4	5	6	7

출처: 김미선(2016). 초기부모애착척도 개발 및 타당화. 상담학연구. 17(4), 95-113. 본 척도는 '초기부모애착척도 개발 및 타당화' 논문에 수록된 것이며, 사용에 대해 한국 상담학회의 허락을 받았음.

초기부모애착척도 채점방식: 홀수(1, 3, 5, 7, 9, 11, 13, 15, 17) 문항의 점수의 합을 계산하여 불안점수를 산출하고, 짝수(2, 4, ,6, 8, 10, 12, 14, 16, 18) 문항의 역점수의 합을 계산하여 회피점수를 산출한다.

* **역점수:** 짝수의 역채점 문항은 응답자의 점수를 대칭으로 바꾸어 채점한다. 1점을 선택했으면 대칭 점수인 7점, 2점은 6점, 3점은 5점, 중앙점수인 4점은 그대로 4점, 5점은 3점, 6점은 2점, 7점은 1점으로 계산한다.

(타당화 군집 평균 참조, 아버지 불안 평균: 23, 회피 평균: 38 / 어머니 불안 평균: 25, 회피 평균: 30)

애착유형	전체 집단과의 평균 비교
안정형	불안 점수 낮음 ↓, 회피 점수 낮음 ↓
불안(집착)형	불안 점수 높음 ↑, 회피 점수 낮음 ↓
회피(무시)형	불안 점수 낮음 ↓, 회피 점수 높음 ↑
혼란(두려움)형	불안 점수 높음 ↑, 회피 점수 높음 ↑

예 1) 아버지 불안점수 20, 회피점수 45, 어머니 불안점수 32, 회피점수 22가 나왔다면 ◀◀◀ 아버지와의 초기 애착은 회피형, 어머니와의 초기 애착은 불안형으로 볼 수 있다. 아버지 불안점수는 아버지 불안 평균(23)보다 낮고, 아버지 회피점수는 아버지 회피 평균(38)보다 높기 때문이다. 어머니 불안점수는 어머니 불안 평균(25)보다 높고, 어머니 회피점수는 어머니 회피 평균(30)보다 낮기 때문이다.

예 2) 아버지 불안점수 32, 회피점수 34, 어머니 불안점수 38, 회피점수 46이 나왔다면 ◀◀◀ 아버지와의 초기 애착은 불안형, 어머니와의 초기 애착은 혼란형으로 볼 수 있다.

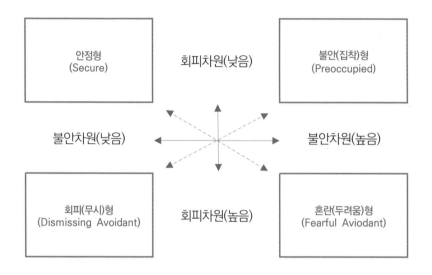

불안점수 회피점수 둘 다 평균보다 낮을수록 **안정형**에 가깝다.

회피점수가 회피 평균보다 낮고

불안점수가 불안 평균보다 높을수록 **불안형**에 가깝다.

불안점수가 불안 평균보다 낮고

회피점수가 회피 평균보다 높을수록 **회피형**에 가깝다.

불안점수, 회피점수 둘 다 평균보다 높을수록 **혼란형**에 가깝다.

저자 약력

김미선
상담학 박사(Ph. D.)
치유심리상담센터 센터장
햇불트리니티신학대학원대학교 겸임교수

이화여자대학교에서 수학을 전공하고 컴퓨터 프로그래머로 일했다. 아이들을 키우면서 마음공부에 매료되어 미국 유학길에 올랐다. Biola 대학에서 애착 이론을 접한 이래 20년 동안 줄곧 애착을 연구하며 다수의 논문을 발표했다.
개인의 성격과 관계 형성에 절대적 영향을 미치는 애착의 중요성을 대중에게 널리 알리고 싶어 <나의 결혼을 후회하지 않기로 했어>를 출간했다.
그동안 저자의 책을 꾸준히 사랑해주신 독자들에게 감사를 전하는 마음으로 애착기반 치료법인 '정신화' 부분을 보완하여 개정판을 내게 되었다.
현재 치유심리상담센터에서 '부부관계 증진 프로그램'과 '애착기반 부모 코칭'을 통해 불안정 애착으로 고통받는 개인의 어려움 및 사회 문제를 예방하고 있다. 더불어 누구나 쉽게 활용할 수 있는 '애착 안정화' 매뉴얼을 개발 중이다.
저서로 <나는 진짜 하나님을 만났을까?>(두란노)가 있다.

제2판
나의 결혼을 후회하지 않기로 했어

초판발행   2019년 4월 22일
제2판발행   2024년 5월 31일

지은이   김미선
펴낸이   노 현

편 집   조영은
기획/마케팅   박부하
표지디자인   권아린
제 작   고철민·조영환

펴낸곳   ㈜ 피와이메이트
             서울특별시 금천구 가산디지털2로 53, 210호(가산동, 한라시그마밸리)
             등록 2014. 2. 12. 제2018-000080호
전 화   02)733-6771
f a x   02)736-4818
e-mail   pys@pybook.co.kr
homepage   www.pybook.co.kr
ISBN   979-11-6519-970-8   03180

정 가   17,000원

박영스토리는 박영사와 함께하는 브랜드입니다.